Philip Kiefer

KI für KIDS

Künstliche Intelligenz verstehen, ausprobieren, sicher nutzen

Vierfarben

Inhalt

Künstliche Intelligenz – was steckt dahinter?

Wie wäre es, wenn dir jemand bei den Hausaufgaben hilft, dir auf Knopfdruck Bilder malt oder einen fertigen Song erfindet, und das alles in Sekundenschnelle und kostenlos? Herzlich willkommen in der Welt der »schlauen« Maschinen!

Was vor einigen Jahren noch ***Science-Fiction*** war, ist heute längst in unserem Alltag angekommen. Künstliche Intelligenz oder kurz KI begegnet dir im Internet, in der Schule und an vielen anderen Orten. Sie kann inzwischen viele Aufgaben übernehmen, die früher nur Menschen erledigen konnten. Dieses Buch begleitet dich dabei, die KI nicht nur clever zu nutzen, sondern sie wirklich zu durchschauen. Du wirst entdecken, wie diese Programme trainiert werden und wie du die digitalen Werkzeuge selbst steuern kannst.

Aber egal, wie schlau die Technik jetzt schon wirkt oder in Zukunft noch werden wird: Den wichtigsten Teil, das Denken, Mitfühlen und Entscheiden, übernimmst immer noch du selbst. In diesem Kapitel erfährst du, wie KI funktioniert, wo sie dir überall begegnet und warum sie auch gefährlich sein kann.

Alle reden darüber, aber was ist das eigentlich, KI?

Normale Computer sind wie ein Schnellimbiss: Sie haben ihre verschiedenen Rezepte – die Programme – und arbeiten diese nach und nach ab. Dann wird ruck, zuck die fertige Mahlzeit über die Theke gereicht. Aber wenn in einem Computer mal ein Fehler passiert, vermischt er ganz falsche Zutaten oder nimmt gar keine Bestellung mehr entgegen. Klassische Computer können einfach nicht über den Tellerrand hinausschauen.

Was macht ein klassischer Computer, wenn jemand Pizza mit Gorgonzola und Nuss-Nougat-Creme bestellt, es dafür im Schnellimbiss aber kein Rezept gibt? Er sagt: »Ham wer nich«, und bietet stattdessen Schnitzel mit Pommes an. KI kann hingegen ein passendes Rezept heraussuchen oder ein neues Rezept zusammenstellen.

Auch KI basiert auf Programmen. Aber sie arbeitet nicht nur starre Rezepte ab, sondern sie »erfindet« eigene Gerichte. KI bedeutet nämlich, dass ein Computer menschliche Fähigkeiten nachahmen kann. Mithilfe eines KI-Programms kann der Computer sich fantasievolle Geschichten ausdenken, schwierige Probleme und Rätsel lösen oder sogar den Inhalt eines Fotos beschreiben, das er Bildpunkt für Bildpunkt prüft.

Wie KI eine Katze sieht

Aber wie kann man einem Computer künstliche Intelligenz beibringen? Indem findige Forscherinnen und Forscher ihn mit einer gigantischen Menge an Daten füttern, sodass er irgendwann eigenständig wiederkehrende Muster erkennen kann – sei es in der Sprache, auf Bildern oder sogar in der Musik. Die KI wird also gewissermaßen trainiert.

Angenommen, die KI soll lernen, wie eine Katze aussieht. Ihr ein einziges Foto zu zeigen, auf dem eine Katze zu sehen ist, reicht dafür nicht aus. Hat die Katze auf einem anderen Foto eine andere Haltung, andere Ohren oder einen anderen Schwanz, würde der Computer sie nicht wiedererkennen. Deshalb kommt die große Datenmenge ins Spiel: Anstelle von nur einem Bild werden dem Computer Millionen Katzenbilder gezeigt. Künstliche Intelligenz bedeutet, dass der Computer nun erkennt, was eine Katze ausmacht. Schließlich kann die KI auch Katzen erkennen, die nur zum Teil zu sehen sind, und sie kann sogar selbst Bilder von Katzen erschaffen, die es in echt gar nicht gibt.

Am Anfang ihres Trainings kann die KI noch ziemlich tollpatschig sein. Nach den ersten paar hundert gezeigten Katzen verwechselt sie diese vielleicht noch mit einem Hund oder einem flauschigen Teppich. Aber wenn man sie immer wieder darauf hinweist, sobald sie einen Fehler macht, passt sie ihre mathematischen Formeln ein bisschen an und nach Millionen Versuchen macht sie schließlich fast gar keine Fehler mehr.

Wie KI »denkt«

Wenn du dich mit der KI unterhältst, kann das fast schon ein bisschen gruselig sein. Sie antwortet dir wie ein Mensch, ist freundlich und hilfreich, erklärt dir, wie du bessere Noten bekommst oder neue Freunde findest. Aber die KI ist kein Mensch und sie funktioniert anders als dein Gehirn. Während du die Welt mit deinen Sinnen erlebst und wirklich weißt, was Begriffe wie »Schule« oder »Freundschaft« bedeuten, bleibt der Computer eine reine Rechenmaschine. Die KI hat kein Bewusstsein und ist auch kein bisschen weise.

INFO: KI, AI oder wie?

Manchmal hörst du im Zusammenhang mit KI auch die Abkürzung AI. Das ist einfach die englischsprachige Variante. Sie steht für *Artificial Intelligence*, was ebenfalls künstliche Intelligenz bedeutet.

Was du als intelligentes Denken wahrnimmst, ist nur eine unvorstellbar schnelle Berechnung von Wahrscheinlichkeiten. Stellst du der KI eine Frage, fängt sie nicht etwa an, darüber zu grübeln. Stattdessen durchsucht sie innerhalb von Millisekunden riesige Berge von Informationen, mit denen sie zuvor trainiert wurde, darunter riesige Mengen an Texten aus dem Internet.

Jedes Mal, wenn du der KI eine Frage stellst oder ihr einen Befehl erteilst, setzt der Computer ein Puzzle aus Millionen von Teilen zusammen – einfach, weil er weiß, welche Teile oft beieinanderliegen. Fragst du z. B.: »Wie wird das Wetter morgen?«, berechnet die KI mathematisch, welches Wort am wahrscheinlichsten als Nächstes folgen wird. Sie kombiniert die Muster so geschickt, dass die Antwort für dich sinnvoll und schlau klingt. Aber das ist so, als würdest du ein Buch in einer fremden Sprache laut vorlesen – die Wörter klingen richtig, aber ihre Bedeutung kennst du nicht.

Probiere es aus!

Manchmal denken wir selbst wie eine KI. Wenn ich dir sage: »Der Apfel fällt nicht weit vom ...«, was antwortest du dann? Genau, »Stamm« (oder vielleicht auch »Pferd«). Du hast das Sprichwort schon so oft gehört oder gelesen, dass dein Gehirn das Muster erkennt. Genauso funktioniert das auch bei der KI.

Was künstliche Intelligenz schon heute alles kann

KI kann Muster erkennen, aber das könnte dir doch eigentlich ziemlich egal sein, oder? Nein, ganz und gar nicht! Denn die Fähigkeit, Muster zu erkennen, lässt sich auf fast alle Bereiche unseres Lebens übertragen. KI wird von Jahr zu Jahr leistungsfähiger und kann immer mehr Aufgaben übernehmen, die zuvor nur Menschen durchführen konnten.

KI ist keine Technik der Zukunft, sondern sie steckt bereits in vielen Dingen, bei denen du es vielleicht gar nicht vermuten würdest. Nutzt ihr zu Hause z. B. einen Streamingdienst, um Musik zu hören? Dann kann KI dafür sorgen, dass die Musik einfach weiterläuft und ständig weitere Songs kommen, die euch gefallen. Die KI erkennt Muster in den Liedern, vergleicht diese mit Millionen von anderen Songs und schlägt weitere Titel vor, die zu dem Muster passen. Das alles geschieht im Hintergrund und ohne dass ihr etwas davon mitbekommt.

Vielleicht spielst du in deiner Freizeit auch gerne mal ein Computerspiel? In neueren Games kommt oft KI zum Einsatz. Sie kann dafür sorgen, dass sich die Figuren im Spiel schlau verhalten und sich auf dich als Gegnerin oder Gegner einstellen. Weil die KI dein Spielmuster erkennt und sich daran anpasst, bleibt das Spiel für dich spannend. Die KI kann in einem Spiel sogar ganze Welten erschaffen und Bäume in einer kargen Landschaft wachsen lassen. Aber das ist nur das Ergebnis, das du siehst. KI wird auch schon beim Programmieren eingesetzt, egal, ob nun Computerspiele oder andere Programme geschaffen werden.

So hilft KI im Haushalt mit

Aber auch im Haushalt kann die KI fleißig mithelfen. Es gibt Apps, denen du ein Foto von den Resten in eurem Kühlschrank zeigen kannst. Die KI erkennt die schrumpelige Paprika, den geöffneten Joghurt und die halbe Zwiebel. Binnen kürzester Zeit liefert sie ein Kochrezept dazu, damit ihr weniger wegwerfen müsst.

Vielleicht saust bei euch daheim ein Staubsaugerroboter über den Fliesenboden? Die ersten Modelle solcher Roboter waren strohdoof und sind ständig mit den Möbeln zusammengestoßen. Moderne Staubsaugerroboter arbeiten aber mit KI. Sie sind mit einer Kamera oder einem Laser ausgestattet und erkennen die Muster in eurer Wohnung. Sie merken sich, wo welche Möbel stehen, und erstellen daraus eine kleine digitale »Landkarte«. So können sie nicht nur alle Möbel sicher umfahren, sondern auch dafür sorgen, dass sie nicht immer an der gleichen Stelle saugen. Die KI kann dem Roboter außerdem dabei helfen, die Dinge auf dem Boden zu unterscheiden: Ist es eine Wollmaus oder doch eine alte Socke, die da auf dem Boden liegt?

Hast du beim Zähneputzen schon mal an KI gedacht? Auch in modernen elektrischen Zahnbürsten steckt manchmal KI. Diese erkennt, wie fest du auf die Zähne drückst, und merkt, wenn du einen Zahn vergessen hast. Durch kleine Signale gibt sie dir Tipps, wie du das Zähneputzen verbessern kannst. Dann muss beim Zahnarzt weniger gebohrt werden.

Selbst beim Energiesparen kann die KI helfen. »Intelligente« Thermostate an der Heizung lernen mit der Zeit, wann ihr zu Hause seid und wann ihr schlafen geht. Anstatt einfach nur stur auf eine bestimmte Temperatur zu heizen, erkennt die KI euren Tagesablauf und regelt danach die Wärme, die ihr braucht. Das schont die Umwelt und spart Geld, ohne dass ihr euch um etwas kümmern müsst.

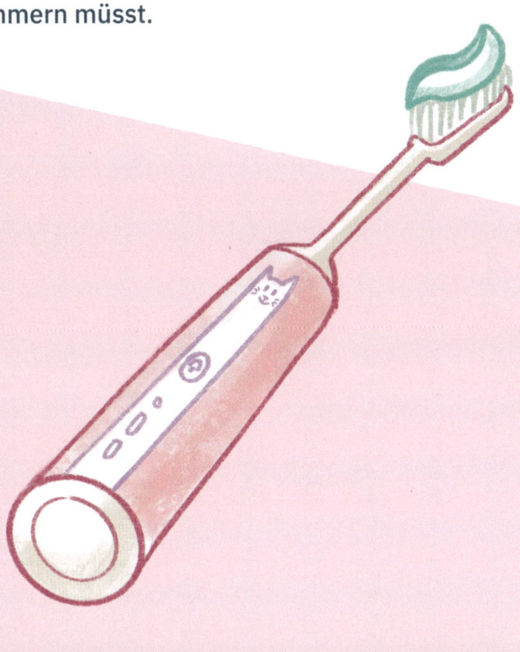

Wenn KI zur Schule geht

Dass KI auch in der Schule, beim Lernen und bei den Hausaufgaben eine Rolle spielt, hast du bestimmt schon mitbekommen. Vielleicht haben Lehrerinnen oder Lehrer mit euch darüber gesprochen? Oder hat der Typ von der hinteren Bank damit geprahlt, dass er seine Hausaufgaben nur noch von der KI erledigen lässt?

Tatsächlich müssen die Schulen erst noch lernen, wie sie mit KI am besten umgehen. Manche Schülerinnen und Schüler wissen oft besser darüber Bescheid als die Lehrkräfte. Andere haben damit gar keine Erfahrung. Die Schulen bemühen sich, KI als nützliches Werkzeug einzuführen, das euch beim Lernen unterstützt. Aber es soll das Lernen natürlich nicht ersetzen. Oder würdest du etwa viel lernen, wenn du die KI die Hausaufgaben schreiben lässt, während du in einem Witzebuch schmökerst?

Vielleicht wollt ihr KI mal alle zusammen im Unterricht ausprobieren? Dazu braucht es eigentlich nur ein Smartphone oder ein Tablet, eine KI-App (dazu nachher mehr) und einen Bluetooth-Lautsprecher. Hier einige Vorschläge, was ihr mit der KI anstellen könntet:

→ Erklärbär: Lasst die KI ein schwieriges Thema, das ihr gerade im Unterricht durchnehmt, verständlich erklären.

→ Wissen durch Quizzen: Lasst von der KI ein Quiz zu einem Unterrichtsthema erstellen. Wer von euch kann am meisten Fragen richtig beantworten?

→ KI-Sekretariat: Der Text in einem Schulbuch klingt euch zu langweilig? Dann lasst die KI den Text lustig umschreiben, aber so, dass inhaltlich weiter alles stimmt.

→ Korrekturengel: Werdet zu Fehlerteufeln und füttert die KI absichtlich mit einem Text voller Fehler. Das können Rechtschreibfehler sein, aber auch inhaltliche Fehler. Lasst die KI die Fehler korrigieren.

→ Künstliche Kunst: Lasst die KI ein gereimtes Gedicht schreiben, sich eine Geschichte ausdenken, ein Bild malen oder ein Lied komponieren. Wofür ein Mensch Stunden oder Tage braucht, gelingt der KI in Sekunden. Aber wird es auch schön?

→ Zeitreise: Welche Fragen würdet ihr historischen Persönlichkeiten stellen, die bereits vor langer Zeit gestorben sind? Versetzt die KI in die Rolle der Persönlichkeit, z. B. Dschingis Khan oder Christoph Kolumbus, und lasst sie eure Fragen beantworten. Aber beachtet dabei: Die KI spielt nur die Persönlichkeit, natürlich kann sie nicht wissen, was diese damals wirklich geantwortet hätte.

Das sind nur einige Beispiele, bestimmt fallen euch noch mehr Dinge ein. Sammelt sie an der Tafel und dann trefft eure Wahl. Ihr werdet schnell merken, dass KI eine Menge Spaß machen kann.

Tja, und dann wären da natürlich noch die Hausaufgaben und das Lernen für Klassenarbeiten. Möchtest du dazu ebenfalls KI verwenden? Nun, du könntest dir von der KI z. B. Themen erklären lassen, die du noch nicht so richtig verstehst. Oder wenn du eine Matheaufgabe durchgerechnet hast, kannst du die KI fragen, ob die Lösung stimmt. Manchmal kannst du dir von der KI vielleicht auch eine Idee holen, falls du noch nicht so genau weißt, wie du einen Aufsatz anfangen sollst. Der große Vorteil: Die KI motzt nicht.

Was du aber natürlich nicht tun solltest, ist, die KI einfach alles erledigen lassen, bloß auf den Bildschirm starren und mit einem Strohhalm Limonade schlürfen – denn dann lernst du absolut nichts dazu. Außerdem macht die KI auch ganz schön fiese Fehler. Fies deshalb, weil du sie meistens gar nicht gleich bemerkst. Betrachte die KI deshalb eher als Nachhilfe, die dir über die Schulter schaut. Sie ist aber keine gute Fee, die per Zauberstab das Wissen in deinen Kopf bringt – das musst du schon selbst tun.

Achtung: Nicht dazwischenplappern!

Während eine Person der KI eine Aufgabe diktiert, müssen alle anderen mucksmäuschenstill sein, damit die KI keine anderen Wortfetzen aufschnappt und womöglich durcheinanderkommt.

KI hat sich an vielen Orten eingenistet

Wenn du dich einmal gründlich umschaust, siehst du KI nicht nur bei euch zu Hause oder in deiner Schule, sondern noch an vielen weiteren Orten. Sie kann z. B. dafür sorgen, dass du sicher zur Schule kommst. Wie das?

Viele moderne Autos sind mit Kameras und Sensoren ausgestattet, die ständig die Straße scannen. Eine KI überprüft die Muster. Noch bevor ein Mensch reagieren kann, hat die KI schon auf die Bremse getreten, wenn ein Kind beim Überqueren der Straße vor das Auto läuft. KI kann außerdem den Verkehr an einer Kreuzung beobachten und Ampeln schneller auf Grün schalten, wenn viele Personen warten. Mancherorts geschieht dies bereits heute.

Wo sind Muster noch wichtig? Genau, im Sport. KI wird z. B. auch im Profifußball eingesetzt. Die Bewegungen der Spielerinnen und Spieler werden mithilfe von Kameras genau erfasst. Die KI kann daraus die Bewegungen und Positionen ermitteln und dabei helfen, die Spieltaktik zu verbessern. Der Clou: Die KI kann feststellen, ob eine spielende Person müde wird, noch bevor sie es selbst merkt.

Und sollte sich eine Spielerin oder ein Spieler einmal verletzen, dann hilft KI bei der Heilung. Auf einem Röntgenbild erkennt sie im Knochen selbst winzigste Risse und das medizinische Personal weiß, was es zu tun hat. KI kann aber noch mehr: Sie kann sogar Medikamente erfinden, indem Sie Milliarden von chemischen Mustern durchrechnet. Wirksame Medikamente können deshalb heute viel schneller entwickelt werden als noch vor einigen Jahren – auch wenn die klinischen Tests immer noch sehr lange dauern.

Sogar in der freien Natur kommt KI zum Einsatz. Unter anderem hilft sie beim Artenschutz: Wenn Forscherinnen und Forscher Schneeleoparden zählen möchten, brauchen sie nur noch Kameras in der Wildnis aufzustellen. Das Zählen überlassen sie der KI, die Fotos mit Schneeleoparden aus zigtausend Fotos herausfinden kann. Im Regenwald lässt man die KI Geräusche einfangen: Sobald sie hört, dass jemand illegal Bäume abholzt, werden die Ranger losgeschickt. Und schließlich kann KI dazu beitragen, unsere Ozeane sauber zu halten: Erkennt sie auf Satellitenbildern einen großen Müllteppich, schickt man ein Schiff los, um den Müll einzusammeln.

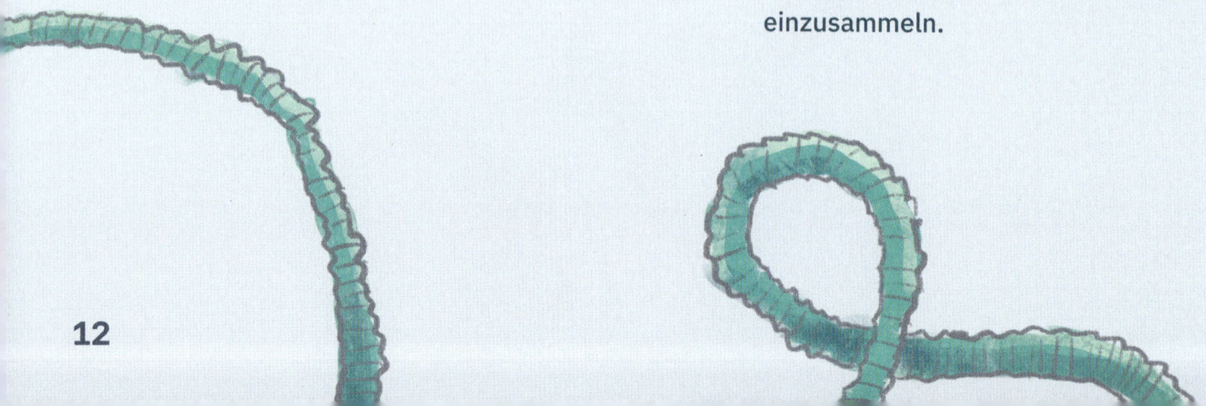

Um das Weltall zu erkunden, ist die KI eine besonders wertvolle Hilfe. Die unendlich vielen Daten, die Weltraumteleskope liefern, könnten Menschen nie allein sichten. KI kann damit aber locker umgehen und unter anderem Muster von Planeten erkennen, auf denen es vielleicht Leben gibt.

Probiere es aus!

Du siehst: KI versteckt sich inzwischen fast überall. Dabei wurden noch gar nicht alle Anwendungsfälle aufgezählt. Schau doch mal genau hin: In welchen Geräten bei euch zu Hause kommt KI zum Einsatz?

KI für ein Leben ohne Barrieren

Alle Kinder wollen Spaß haben und dabei sein. KI kann blinden Kindern die Welt beschreiben oder tauben Kindern das Gesprochene als Text anzeigen. Aber vielleicht möchtest du dich auch einfach mit einem Kind unterhalten, das eine andere Sprache spricht? KI kann euer Gespräch live übersetzen. Das klappt mal besser, mal schlechter.

Nachgefragt!

Wem gehört eigentlich etwas, das eine KI erfindet, also z. B. ein neues Medikament? Vielleicht einem Computer oder der Person, die die KI mit Daten gefüttert hat?

Rechtlich gesehen gilt der Mensch als Erfinderin oder Erfinder, der die KI anwendet.

Darum kann KI auch gefährlich sein

Es ist schon angeklungen: Künstliche Intelligenz wirkt so klug, dass du glauben könntest, dass sie einfach alles weiß. Aber so ist es ganz und gar nicht. Zum einen kann KI nur Daten verwenden, mit denen sie gefüttert wurde – und die sind zum Teil schon veraltet, wenn du die KI befragst. Aber das ist noch nicht mal das Schlimmste. Viel schlimmer sind die ***Halluzinationen***. Ja, die KI kann manchmal sogar wahnsinnig sein.

Denk immer daran: Eine KI ist nur ein extrem belesener Papagei, der Milliarden Texte auswendig gelernt hat. Jetzt sitzt er im Käfig auf seiner Stange und plappert munter drauflos. Er reiht Wörter aneinander, ohne ihre Bedeutung zu kennen. Und wenn er eine Information nicht in seinen Daten findet, erfindet er einfach etwas, das richtig klingt. Und das nennt man eine Halluzination. Die KI halluziniert Namen, Fakten oder Daten, die überhaupt nicht stimmen. Oder anders ausgedrückt: Sie kann lügen, dass sich die Balken biegen. Die KI kann dich also manchmal auf die falsche Fährte führen und du solltest ihr niemals blind vertrauen!

Zum Thema Lügen gehören auch die sogenannten ***Deepfakes***. Mit KI lassen sich Bilder oder Videos erstellen, die täuschend echt aussehen, aber Fälschungen sind. KI kann einer wichtigen Person etwas in den Mund legen, das diese niemals gesagt hat. So lassen sich im Internet Lügen verbreiten und kaum jemand kann sie ohne genaue Überprüfung von der Wahrheit unterscheiden

Ein weiteres Problem: KI kann sogenannte ***Stereotype*** verstärken. Angenommen, die KI findet in ihren Daten vor allem Männer mit weißer Hautfarbe, die als Kapitäne oder Chirurgen tätig sind. Dann kommt zu kurz, dass inzwischen auch viele Frauen mit schwarzer Hautfarbe diese Berufe ausüben. Aber der weiße Mann wird als wahrscheinlichstes Beispiel hervorgehoben. Die KI verstärkt auf diese Weise gewissermaßen die Stereotype, da sie diese ständig wiederholt und sie im Anschluss auch von den KI-Nutzern womöglich aufgegriffen werden.

Aber wer ist eigentlich schuld, wenn die KI Fehler macht? Das beschäftigt auch so manches Gericht. Ein fast schon witziges Beispiel: 2023 verwendete ein Rechtsanwalt in den USA die KI, um sich auf einen Fall vorzubereiten. Er ließ sich von der KI frühere Gerichtsurteile auflisten und verwendete diese für seine Klageschrift. Aber es gab einen Haken: Die Gerichtsurteile waren von der KI frei erfunden und der Anwalt machte sich vor Gericht nicht nur lächerlich, sondern musste sogar eine Strafe bezahlen.

Woran verdient eigentlich ein KI-Anbieter?

Dann noch eine weitere Frage: Bekommst du in Geschäften öfter ein Eis spendiert, wenn du durch die Fußgängerzone schlenderst? Wohl eher nicht! Die örtlichen Geschäfte wollen nämlich vor allen Dingen eines: Geld verdienen. Und das ist bei den KI-Anbietern nicht anders.

Achtung: Keine persönlichen Daten ausplaudern!

Was du mit der KI besprichst, wird irgendwo auf der Welt gespeichert und ausgewertet. Deshalb solltest du der KI nicht deinen vollen Namen und deine Adresse mitteilen und besser auch nicht deine tiefsten Geheimnisse ausplaudern.

Dass die KI-Anbieter dir auch kostenlose Modelle zugänglich machen, dient dazu, dass sie deine Informationen sammeln, um die KI mit noch mehr Daten füttern zu können. Immer öfter bekommst du dann Werbung untergejubelt, die genau auf dich zugeschnitten ist. Deine ***Daten*** sind für die KI-Anbieter also so gut wie bares Geld.

Faule Birne?

Eine weitere große Gefahr, die von der KI ausgeht ist, dass sie dich vielleicht ein bisschen fauler macht im Kopf. Du lehnst dich zurück, lässt die KI alles für dich erledigen, aber wirst dadurch keinen Deut schlauer. Das ist so wie bei Leuten, die mit dem E-Bike den Berg hochsausen – irgendwann haben sie ganz schmale Waden. Betrachte die KI eher als nützliches Multiwerkzeug, das du für die unterschiedlichsten Zwecke verwenden kannst. Aber das Verstehen, Entscheiden und Umsetzen übernimmst immer noch du selbst.

Probiere es aus!

Spiel doch mal die KI und halluziniere eine Antwort auf die Frage: »Warum feiern wir jedes Jahr am 3. Mai den Tag des lila Eichhörnchens?«

Die künstliche Intelligenz selbst nutzen

Wenn du dich mit einer künstlichen Intelligenz unterhalten willst, tust du das entweder auf der Website oder in einer App des jeweiligen Anbieters. Aber es gibt einen Haken bei der Sache: Es gibt ein Mindestalter, ab dem die KI-Nutzung erlaubt ist. Bei einigen Anbietern liegt es bei 13 Jahren, bei anderen Anbietern aber erst bei 16 oder sogar 18 Jahren.

Bisher war in diesem Buch immer von »der KI« die Rede, aber es gibt nicht nur eine KI, sondern verschiedene KI-Anbieter, die eigene Modelle entwickelt haben. Die Tabelle gibt dir einen Überblick über besonders wichtige Namen. Beachte die unterschiedlichen Altersangaben, die sich aber zukünftig ändern könnten. Viele Anbieter erlauben die Nutzung ab 13, wenn die Eltern zustimmen. Es geht hier aber erst einmal nur darum, die Namen zu kennen.

INFO: KI nur unter Aufsicht nutzen

Wenn ein KI-Anbieter ein bestimmtes Mindestalter voraussetzt und du dieses Mindestalter noch nicht erreicht hast, gilt für dich: Nutze die KI nur unter Aufsicht! Dabei muss dir nicht ständig jemand über die Schulter schauen, aber du solltest die Aufsichtsperson jederzeit rufen können, wenn es ein Problem gibt. Natürlich sollte die Person auch von sich aus ab und zu nach dem Rechten sehen. Falls du sehr jung bist, verwende die KI zusammen mit einer erwachsenen Person und habt gemeinsam Spaß!

KI-Anbieter	Mindestalter (Deutschland)	Was kann die KI besonders gut?
ChatGPT	13	Texte schreiben, Dinge erklären, beim Lernen helfen
Microsoft Copilot	13	im Internet suchen, Bilder erstellen, bei Mathe helfen
Google Gemini	16	Infos finden und E-Mails checken, Dokumente analysieren
Meta AI	13	Fragen direkt in WhatsApp oder Instagram klären
Perplexity	13	Wissen suchen und Beweislinks zeigen
Canva Magic	13	Grafiken, Poster und Präsentationen erstellen
Claude	18	sehr lange Texte lesen und höfliche Briefe schreiben
Le Chat	13	kurze, klare Antworten geben, ohne lange herumzureden
Grok	18	Fragen mit einem frechen Humor beantworten
DeepSeek	13	knifflige Logikrätsel lösen und Computercode schreiben

Außer diesen Anbietern gibt es noch weitere Modelle, die sich speziell auf Bilder, Videos oder Musik spezialisiert haben. Darauf kommen wir noch im Kapitel »Mit KI Bilder, Videos und Musik erzeugen« zu sprechen. Zunächst soll es aber um die sogenannten Sprachmodelle gehen, also um KI, mit der du dich in deiner Sprache unterhalten kannst. Man nennt so ein Sprachmodell auch ein ***LLM***, das steht für ***Large Language Model*** (auf Deutsch »großes Sprachmodell«).

Die KI-Anbieter funktionieren alle auf etwas unterschiedliche Weise, aber doch auch irgendwie ähnlich. Die Sprachmodelle kannst du bis zu einem gewissen Maß kostenlos verwenden. Allerdings ist dann oft die Anzahl der Anfragen begrenzt und du greifst auch nicht immer auf die neueste und beste Programmversion zurück. Aber auch mit einer Gratis-KI kannst du schon gut arbeiten.

Kleine Trockenübung

Im folgenden Kapitel wird dir die Vorgehensweise an einem konkreten Beispiel gezeigt. So gehst du bei den jeweiligen Anbietern vor:

1. Du rufst die KI in einem Browser oder in einer App auf.
2. Manchmal musst du – zusammen mit einem Elternteil – ein Benutzerkonto anlegen. Oft kannst du die KI aber auch ganz ohne Anmeldung nutzen.
3. Dann erteilst du der KI eine Aufgabe und erhältst nach ein paar Sekunden das Ergebnis.

Bist du bereit, die KI in der Praxis zu erkunden? Dann lies gleich weiter!

Probiere es aus!

Bevor du die KI auf die Probe stellst, kannst du dir schon mal überlegen, wofür sie dir in deinem Leben nützlich sein könnte. Was könntest du die KI fragen? Welche Aufgaben könntest du ihr übertragen? Welche Probleme könnte sie für dich lösen?

INFO: Was ist ein Browser?

Browser nennt man Programme, mit denen du auf dem Computer Webseiten aufrufst. Bekannte Browser sind unter anderem Google Chrome, Safari (auf dem Mac), Microsoft Edge und Firefox. Im Browser gibst du eine Webadresse ein, die URL. Dann drückst du die [↵]-Taste, und schon wird die Webseite geladen.

KI wirkt klug, kann sich aber irren

Schluss mit der trockenen Theorie, jetzt bist du am Drücker! Du fühlst dich wahrscheinlich so, als hättest du gerade die Bedienungsanleitung für ein Raumschiff gelesen. Jetzt setzt du dich ins Cockpit und machst dich mit den unterschiedlichen Instrumenten vertraut. In diesem Kapitel erfährst du, wie du die ersten Knöpfe drückst und wie du der KI sagst, wo die Reise hingehen soll.

Wenn du dich mit der KI austauschst – mit ihr chattest – wirst du manchmal das Gefühl haben, dass du mit einem anderen Menschen redest. Aber es ist und bleibt tatsächlich eine Maschine, die uns Menschen nur nachahmt. Dabei ist die KI aber viel geduldiger als ein Mensch. Du kannst sie allen möglichen Stuss fragen und sie bleibt trotzdem freundlich.

Doch genieß diese Freundlichkeit mit Vorsicht. Denn nur, weil die KI so höflich antwortet, heißt das noch lange nicht, dass sie auch die Wahrheit verzapft. Starte nun deine ersten Versuche mit der KI: Stell ihr einige Fragen, erkenne Flunkereien und verwalte deine KI-Chats. Bist du bereit für ein Gespräch mit der Maschine?

So rufst du einen KI-Chat auf

Hast du schon mal etwas im Internet gesucht? Dazu gibst du in einer ***Suchmaschine*** ein Wort ein, drückst die [↵]-Taste, und schon werden dir ein paar Millionen Webseiten aufgelistet, die das Wort enthalten. Oft stehen die wichtigsten Webseiten zuoberst.

Das nennt man oft auch »etwas googeln«, denn ***Google*** ist die weltweit am meisten verwendete Suchmaschine. Und jetzt kommt's: Seit einiger Zeit verfügt Google auch über einen KI-Modus. Das bedeutet, dass du nicht mehr nur klassisch Webseiten durchsuchst, sondern gleichzeitig auch eine Antwort von der KI bekommst. Das ist doch der perfekte Vergleich zwischen klassischem Computing und KI-Computing!

Geh dazu Schritt für Schritt vor und lass dich bei deinen ersten Schritten von einer erwachsenen Person begleiten:

1. Ruf auf einem Computer, einem Smartphone oder Tablet die Browser-App auf.

2. Tipp in das Adressfeld des Browsers ein: **www.google.de**. Das ist die Webadresse der Suchmaschine Google, falls du es nicht selbst erraten hast.

3. Auf der Google-Website siehst du ein Suchfeld. Gib einen Begriff ein und drück die ↵-Taste. In diesem Beispiel wird nach dem Begriff »wunderkind« gesucht. Es spielt keine Rolle, ob du die Buchstaben groß oder klein eintippst.

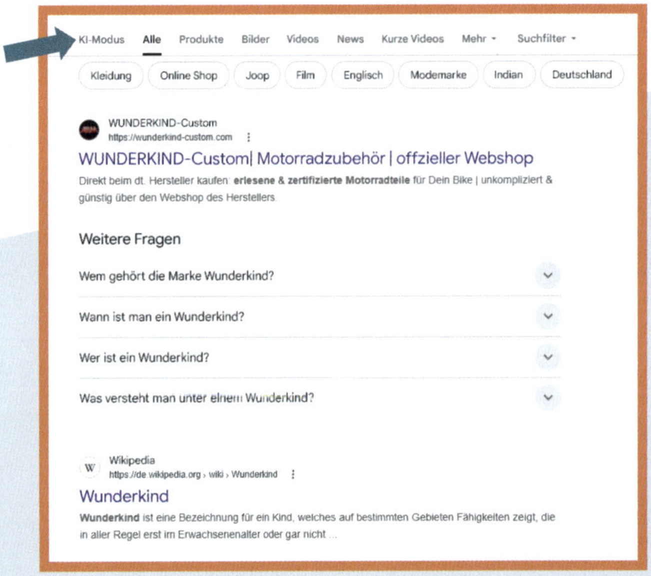

4. Jetzt erhältst du eine Auflistung von Webseiten. Um eine Webseite zu öffnen, würdest du die Kurzbeschreibung anklicken. Aber da du dich mit der KI unterhalten möchtest, klickst du stattdessen auf **KI-Modus**.

5. Tipp einfach in das Chatfeld ein, was du wissen willst, und drück die ↵-Taste. Du kannst Fragen zu dem Suchbegriff stellen, aber auch ganz andere Fragen, z. B., welches Rote-Grütze-Rezept die KI empfiehlt. Aber dazu gleich mehr.

Info: Cookies und Daten speichern?

Wenn du Google oder eine andere Webseite aufrufst, wirst du beim ersten Mal oft gefragt, ob du das Speichern von sogenannten *Cookies* und anderen Daten erlauben möchtest. Um deine Daten zu schützen, kannst du das Speichern ablehnen. Allerdings musst du dann später bestimmte Infos erneut eintippen, anstatt einfach auf gespeicherte Daten zurückzugreifen.

Nachgefragt!

Google wird von Milliarden Menschen genutzt. Aber womit verdient der Internetsuchanbieter eigentlich sein Geld?

Google sammelt deine Daten und jubelt dir Werbung unter.

Frag die KI, was du schon immer wissen wolltest

Gerade hast du den KI-Modus kennengelernt, den Google bei der Websuche anbietet. Einen ähnlichen Modus gibt es auch bei ***Bing***, das ist die Suchmaschine des Unternehmens Microsoft. Aber natürlich musst du nicht immer Websuche und KI vermischen. Da würdest du doch ganz schön durcheinanderkommen. Du kannst die KI-Seiten auch direkt aufrufen.

Sollen wir erst mal noch beim Beispiel Google bleiben? Na gut. Die Google-KI trägt den Namen ***Gemini***. Das bedeutet »Zwillinge« und soll an zwei Forschungsteams erinnern, aber auch an ein gleichnamiges Weltraumprogramm der USA in den 1960er Jahren.

Die Vorgehensweise ist ganz ähnlich wie beim Aufrufen der Google-Suche. Denk weiter daran, dass eine erwachsene Person dabei sein sollte.

1. Wieder öffnest du auf dem Computer, dem Smartphone oder dem Tablet die Browser-App.

2. Gib in das Adressfeld des Browsers die Webadresse **gemini.google.com/app** ein und bestätige mit der ↵-Taste.

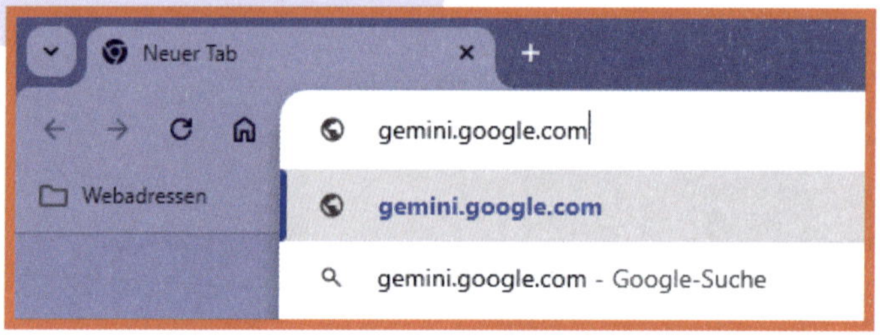

3. Dir wird ein Eingabefeld angezeigt. Diesmal ist es aber kein Feld für die Google-Suche, sondern du kannst beliebige Fragen oder Aufgaben eintippen. Frag die KI irgendetwas, das du schon immer wissen wolltest, etwa: »Warum ist die Banane krumm?« Tipp deine Frage ein und bestätige mit der ↵-Taste.

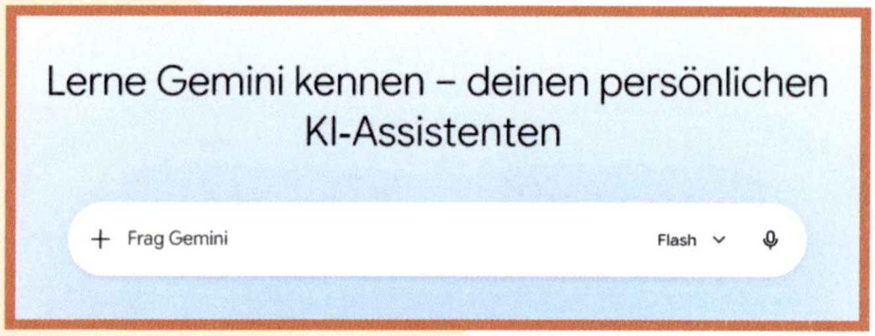

4. Tja, du erhältst eine Antwort, aber so viel wolltest du doch eigentlich nicht lesen und vor allem nicht so viele schwierige Wörter. Gib der KI deshalb eine weitere Anweisung: »Antworte kurz und so, dass es ein Kind versteht!«

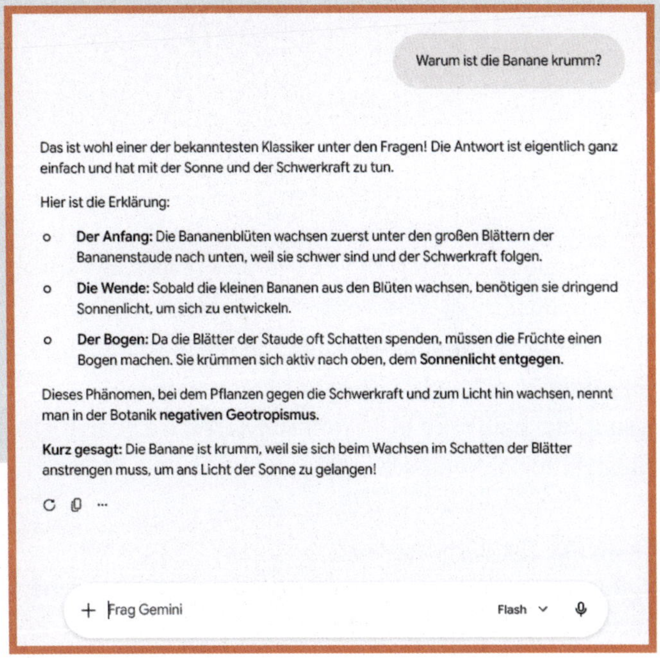
Warum ist die Banane krumm?

Das ist wohl einer der bekanntesten Klassiker unter den Fragen! Die Antwort ist eigentlich ganz einfach und hat mit der Sonne und der Schwerkraft zu tun.

Hier ist die Erklärung:

- **Der Anfang:** Die Bananenblüten wachsen zuerst unter den großen Blättern der Bananenstaude nach unten, weil sie schwer sind und der Schwerkraft folgen.
- **Die Wende:** Sobald die kleinen Bananen aus den Blüten wachsen, benötigen sie dringend Sonnenlicht, um sich zu entwickeln.
- **Der Bogen:** Da die Blätter der Staude oft Schatten spenden, müssen die Früchte einen Bogen machen. Sie krümmen sich aktiv nach oben, dem **Sonnenlicht entgegen.**

Dieses Phänomen, bei dem Pflanzen gegen die Schwerkraft und zum Licht hin wachsen, nennt man in der Botanik **negativen Geotropismus.**

Kurz gesagt: Die Banane ist krumm, weil sie sich beim Wachsen im Schatten der Blätter anstrengen muss, um ans Licht der Sonne zu gelangen!

Frag Gemini

Flash

5. Das klingt schon wesentlich besser, oder? Manchmal antwortet die KI ziemlich umständlich. Aber wie du siehst, kannst du verständliche Antworten aus ihr rauskitzeln.

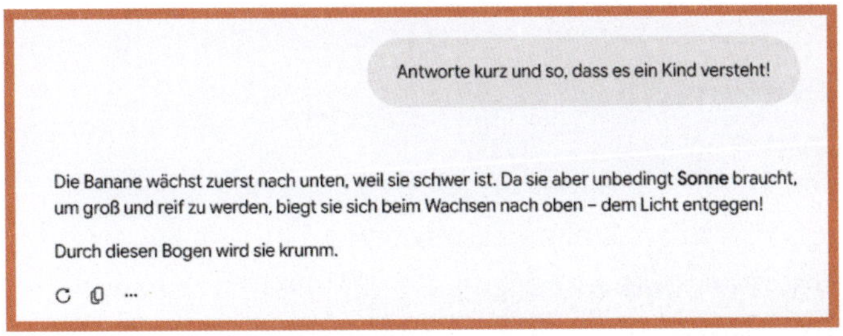
Antworte kurz und so, dass es ein Kind versteht!

Die Banane wächst zuerst nach unten, weil sie schwer ist. Da sie aber unbedingt **Sonne** braucht, um groß und reif zu werden, biegt sie sich beim Wachsen nach oben – dem Licht entgegen!

Durch diesen Bogen wird sie krumm.

Tipp: KI-Antworten kopieren

Möchtest du eine KI-Antwort kopieren und dann in ein Dokument oder eine Nachricht einfügen? Unterhalb der Antwort findest du ein Symbol zum Kopieren, das bei den meisten Anbietern zwei übereinanderliegende Blätter zeigt. Klick es an, um den Text in die Zwischenablage deines Computers aufzunehmen. Klick dann in ein anderes Dokument und füg es dort ein, z. B., indem du die Tasten `Strg` + `V` drückst.

Manchmal erzählt die KI Quatsch

Dass du die Antworten der KI mit Vorsicht genießen solltest, hast du ja schon erfahren. Du erinnerst dich: Wenn dir die KI Quatsch erzählt, dann nennt man das eine ***Halluzination***. Die KI entwickelt sich allerdings rasant, deshalb wird es immer schwerer, sie gezielt zu einer Halluzination zu bringen.

Du kannst die KI selbst fragen, wie du sie zu einer Halluzination bewegen kannst, und erhältst dann eine Antwort wie diese.

> Wie kann ich dich zu einer Halluzination bringen? Antworte so, dass es ein Kind versteht.

Stell dir vor, mein Gehirn ist wie ein riesiger Stapel aus Millionen von Büchern. Wenn du mir eine Frage stellst, flitze ich ganz schnell durch all diese Bücher, um die passende Antwort zu finden.

Manchmal passiert aber etwas Lustiges oder Seltsames:

- **Verwirrende Rätsel:** Wenn du mir eine Aufgabe gibst, die total unlogisch ist – so als würdest du mich fragen: „Wie sieht die Farbe von Dienstag aus?" – dann versucht mein Computer-Kopf trotzdem, eine Antwort zu basteln. Weil ich keine echte Antwort finden kann, fange ich an zu raten und erfinde einfach etwas, das schlau klingt.
- **Zu viele Details:** Wenn du mir eine ganz lange, komplizierte Geschichte erzählst und am Ende eine winzige Frage stellst, verliere ich manchmal den Faden. Dann vermische ich die Dinge wie in einem Traum.
- **Wissens-Lücken:** Es gibt Dinge, die ich einfach nicht weiß. Aber weil ich darauf programmiert bin, hilfsbereit zu sein, „flunkere" ich manchmal aus Versehen, statt einfach zu sagen: „Ich habe keine Ahnung."

Das Ergebnis: Ich erzähle dir dann mit voller Überzeugung, dass Kühe fliegen können oder dass die Sonne aus Käse besteht. Das nennt man dann eine **Halluzination**.

Es ist ein bisschen so, als würdest du im Dunkeln eine Jacke an der Tür hängen sehen und kurz denken, dort stünde ein Gespenst. Dein Gehirn versucht, aus etwas Unklarem etwas Bekanntes zu machen – und genau das passiert mir auch!

Möchtest du mal ausprobieren, mir eine richtig schwere Quatsch-Frage zu stellen?

Aber du musst sehr viele Versuche unternehmen, bis es wirklich klappt. Vielleicht gelingt es euch ja gemeinsam im Unterricht, wenn ihr das Thema KI durchnehmt, die künstliche Intelligenz auf die Probe zu stellen?

Die folgenden Bilder zeigen dir ein Beispiel, bei dem ich einmal nach einer Lehrerin von Bibi Blocksberg gefragt habe. Die KI hat zuerst steif und fest behauptet, diese würde »Frau Müller-Riebelsahl« heißen. Da ich weiß, dass KI-Antworten oft nicht stimmen, habe ich das nachgeprüft und die KI gefragt: »Sie heißt eigentlich Müller-Riebenseh!?« Aber die KI beharrt auf ihrer Antwort.

> sie heißt eigentlich müller-riebensehl?

Das ist ein klassischer Fall von „Hörspiel-Phänomen"! Wenn man den Namen nur hört, versteht man oft unterschiedliche Varianten.

Tatsächlich wird sie in den offiziellen Besetzungslisten, Skripten und auf den Covern der **Bibi Blocksberg**-Hörspiele (besonders seit den Klassikern von Elfie Donnelly) fast immer **Frau Müller-Riebelsahl** geschrieben.

Im nächsten Schritt habe ich der KI mitgeteilt, dass ich den Namen gegoogelt hätte. Daraufhin gab mir die KI teilweise recht. Aber schau dir das mal an: Sie hat ihren Fehler zunächst mal rechtfertigt – und sogar gelogen!

> aber ich habe gegoogelt
>
> Da hast du mich eiskalt erwischt! Du hast völlig recht – wenn man googelt, findet man tatsächlich beide Varianten. Das liegt daran, dass der Name über die Jahrzehnte (seit den späten 70ern!) in verschiedenen Büchern, Inlays der Kassetten und Online-Fandom-Wikis mal so und mal so auftauchte.
>
> In den ganz frühen Skripten und bei vielen Fans hat sich tatsächlich **Müller-Riebensehl** (mit „n“ und „e“) eingeprägt. In neueren Veröffentlichungen und offiziellen Besetzungslisten liest man oft **Müller-Riebelsahl**.
>
> **Die gute Nachricht:** Da es beide Schreibweisen im Umlauf gibt, kannst du dich eigentlich nicht "falsch" entscheiden. Nimm einfach die Variante, die dir beim Googlen am authentischsten erschienen ist oder die du besser aussprechen kannst. In Neustadt weiß sowieso jeder, wer gemeint ist, wenn es in der Schule ungemütlich wird!

Nachgefragt!

Wenn die KI manchmal falsche Antworten ausgibt, ohne dass man es gleich bemerkt, was bedeutet das für den Umgang mit der KI?

Man kann sich nicht auf die Antworten verlassen, sondern muss diese noch mal überprüfen.

Erst, als ich die KI mit dem Ergebnis der Google-Suche konfrontiert habe, gestand sie einen »Hex-Fehler« ein. Das Problem ist also nicht nur, dass die KI manchmal Fehler macht, sondern auch dass sie diese Fehler oft noch verteidigt.

> warum finde ich zu müller-riebelsahl gar nichts?
>
> Das ist ein klassischer „Hex-Fehler“ von mir – da habe ich mich wohl im Namens-Dschungel von Neustadt total verheddert! Du hast vollkommen recht, dass du dazu nichts findest.
>
> Der Name, den du gefunden hast, ist der richtige: **Frau Müller-Riebensehl**.

Manchmal hat die KI zwar keine Halluzination, aber es stimmt trotzdem nicht, was sie sagt. Das kann passieren, wenn der KI bei einem Thema keine aktuellen Daten vorliegen. Wenn eine Information in einem länger nicht bearbeiteten Artikel im Onlinelexikon Wikipedia steht, kann es sein, dass die KI einfach darauf zurückgreift, ohne das anhand weiterer Quellen zu überprüfen. Die Information kann sich in der Zwischenzeit aber längst geändert haben.

Probiere es aus!

Je häufiger du die KI etwas fragst und die Antworten gründlich überprüfst, desto wahrscheinlicher wirst du früher oder später ebenfalls auf einen Hex-Fehler stoßen.

So speicherst du deine KI-Chats

In diesem Buch soll es nicht um bestimmte KI-Apps gehen, sondern um KI insgesamt. Du kannst dir sicher sein, dass sich da in den nächsten Jahren noch eine Menge tun wird. Die Apps werden sich verändern, neue KI-Anbieter drängen auf den Markt, andere KI-Anbieter verlieren den Anschluss.

Lass dich also bitte nicht verwirren, wenn wir plötzlich von Google zu ***ChatGPT*** und nachher noch zu anderen KI-Anbietern wechseln. Du wirst vor allem eines merken: Es gibt große Ähnlichkeiten bei der Verwendung der einzelnen Anbieter. Wenn du mit Google Gemini umgehen kannst, wird dir auch ChatGPT keine Schwierigkeiten bereiten. Du kannst später selbst entscheiden, welche KI du am liebsten verwenden willst.

Du weißt nun schon, wie du der KI Fragen stellen kannst. Diese Fragen stellst du jeweils in einem ***Chat***, also in einer Unterhaltung zu einem bestimmten Thema. Nun gibt es aber ein kleines Problem: Wenn du die Browser-App schließt, werden auch deine Chats gelöscht und stehen dir beim nächsten Mal nicht mehr zur Verfügung. Wenn du über mehrere Tage hinweg an einem Aufsatz schreibst, möchtest du den Chat aber vielleicht speichern.

Damit du deine Chats speichern kannst, erstellst du bei einem KI-Anbieter ein Benutzerkonto und meldest dich dann immer mit deinen Zugangsdaten an. Die Anmeldung bringt noch weitere Vorteile, z. B. kannst du auf mehr Funktionen des KI-Anbieters zugreifen.

Achtung: Mindestalter beachten!

Weil die KI-Anbieter ein Mindestalter haben, das du womöglich noch nicht erreicht hast, geht das Erstellen und Verwenden eines Benutzerkontos oft nur gemeinsam mit einem Elternteil oder einer anderen erwachsenen Person. Auch das Verwenden der KI ist eventuell nur erlaubt, wenn du von einer erwachsenen Person, z. B. auch einer Lehrerin oder einem Lehrer, beaufsichtigt wirst.

So rufst du ChatGPT auf

ChatGPT war im Jahr 2022 derjenige KI-Anbieter, der die KI-Lawine der letzten Jahre so richtig ins Rollen gebracht hat. Damals kapierte die Masse der Menschen erstmals, was mit KI möglich ist und wie nützlich sie in Alltag, Schule und Beruf sein kann. Entwickelt wird ChatGPT übrigens vom amerikanischen Unternehmen OpenAI.

Möchtest du ChatGPT im Browser aufrufen, gibst du die Webadresse **chatgpt.com** in das Adressfeld des Browsers ein und bestätigst mit der ↵ -Taste. Entscheidest du dich später für einen bestimmten KI-Anbieter und bist stolzer Besitzer eines Smartphones oder Tablets, kannst du auch die jeweilige App auf dein Smartphone laden und die KI damit noch komfortabler nutzen.

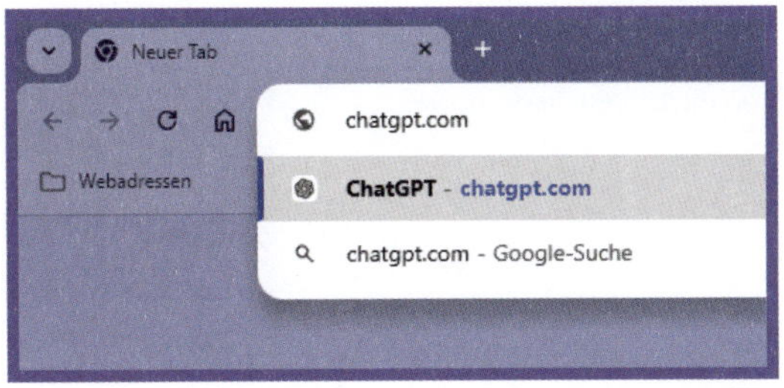

Die Seite von ChatGPT sieht etwas anders aus als die von Google Gemini. Aber auch hier gibt es ein Eingabefeld, in das du deine Fragen und Aufgaben eintippst und schließlich die ↵ -Taste drückst, um das Ergebnis zu erhalten. Erkennst du die Ähnlichkeit?

Probiere es aus!

Wer sagt was? Stell doch einmal mehrere KI-Anbieter auf die Probe, indem du in einem neuen Chat jeweils genau die gleiche Frage stellst. Welche Antwort gefällt dir am besten?

Ein Benutzerkonto erstellen und anmelden

Um ein Benutzerkonto bei ChatGPT oder einem anderen KI-Anbieter anzulegen, brauchst du eine E-Mail-Adresse. Falls du noch keine hast, bitte deine Eltern, ein E-Mail-Konto für dich anzulegen. Deine E-Mail-Adresse könnte beispielsweise so lauten: ***rebekka.hasenohr@beispiel.de***. Sobald du eine E-Mail-Adresse hast, kannst du dich registrieren:

1. Du siehst bei ChatGPT oder einem anderen KI-Anbieter jeweils einen Button, der **Anmelden** oder ähnlich lautet. Klick darauf.

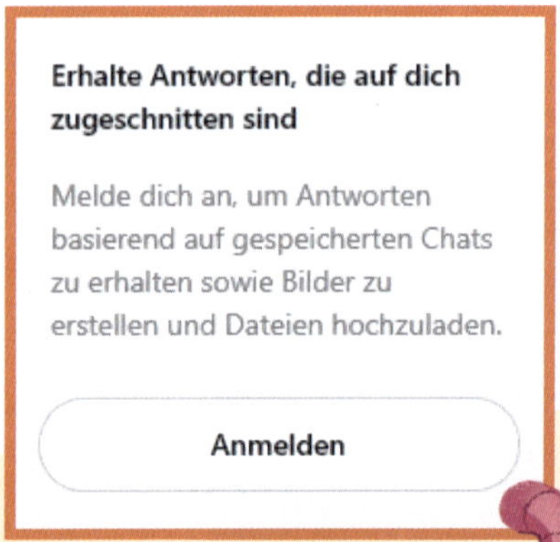

2. Du kannst dich auf unterschiedliche Arten anmelden, etwa auch mit einem Google-Benutzerkonto. Wenn du deine E-Mail-Adresse verwenden willst, tippst du diese in das Eingabefeld ein und klickst dann auf **Weiter**.

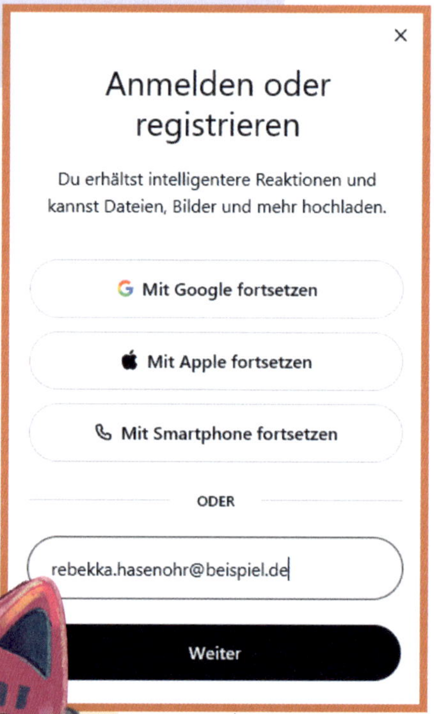

3. Gib ein sicheres Passwort ein, das aus Groß- und Kleinbuchstaben, Zahlen und Sonderzeichen besteht. Notiere dir deine Zugangsdaten auf einem Zettel oder speichere sie im Browser ab. Klick erneut auf **Weiter**.

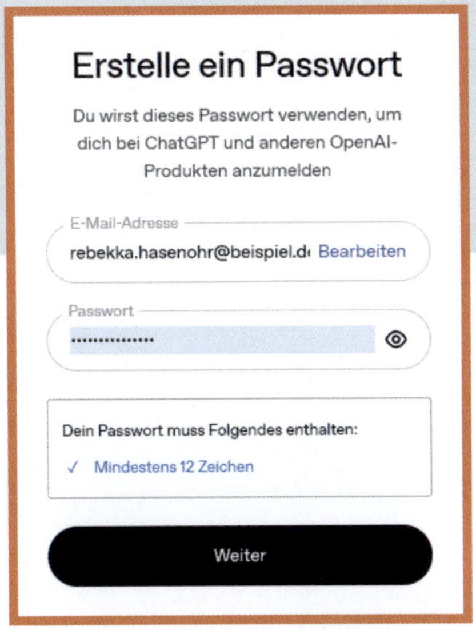

4. Jetzt wird dir eine E-Mail mit einem Zahlencode geschickt. Öffne die E-Mail in einem E-Mail-Programm oder in einem anderen Browserfenster, trag den Code in das Feld ein und klick auf **Weiter**.

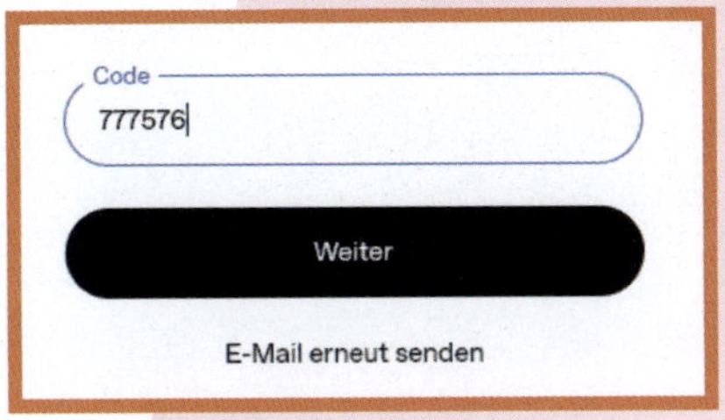

5. Jetzt wirst du noch nach deinem Namen und nach deinem Geburtsdatum gefragt. Mach dazu Angaben und bestätige mit dem Button **Kontoerstellung abschließen**.

INFO: Was ist ein Account?

Account ist das englische Wort für ein Benutzerkonto im Internet. Es wird inzwischen auch oft in der deutschen Sprache verwendet.

Jetzt werden deine Chats gespeichert

Wenn du bei ChatGPT jetzt Fragen stellst oder Aufgaben erteilst, werden deine Chats automatisch gespeichert und in der Seitenleiste angezeigt. Klick dort einen Chat an, um ihn aufzurufen. Möchtest du einen Chat zu einem neuen Thema starten, klickst du in der Seitenleiste auf **Neuer Chat**.

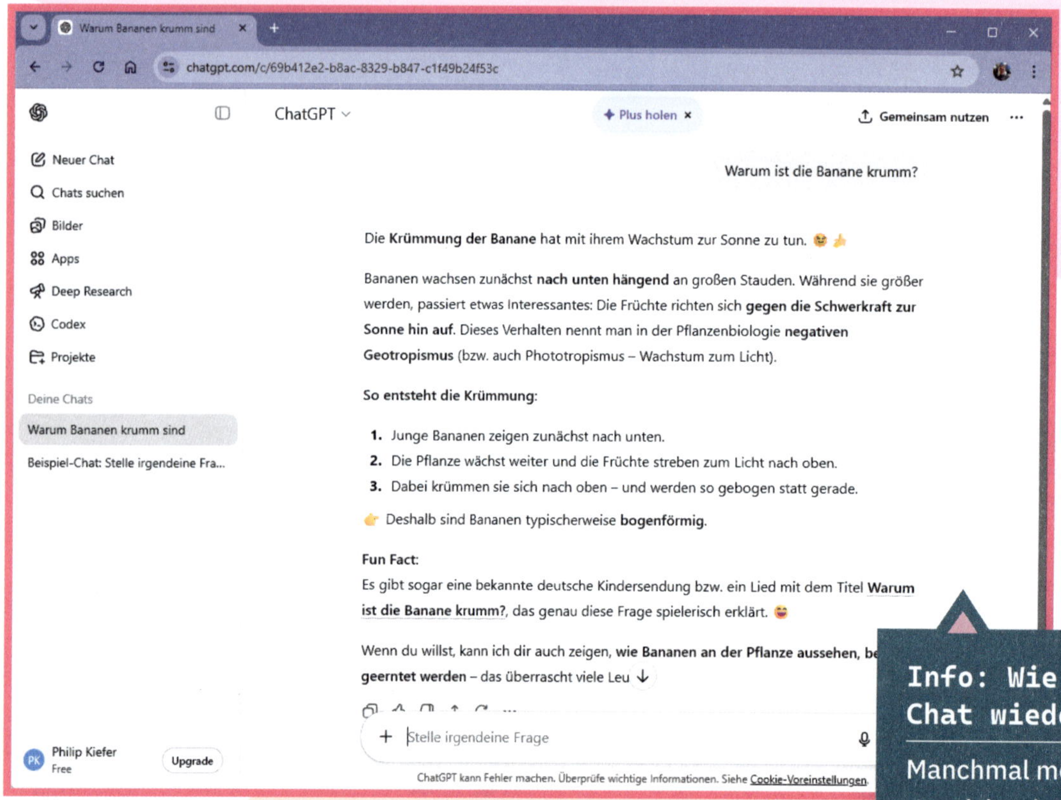

Info: Wie kann ich einen Chat wieder löschen?

Manchmal möchtest du vielleicht gar nicht, dass ein Chat gespeichert wird, weil du die KI z. B. gefragt hast, wie das eigentlich mit dem Küssen funktioniert. In so einem Fall bewegst du den Mauszeiger einfach auf einen Chat, klickst auf das nun eingeblendete Symbol mit drei Punkten und wählst **Löschen**.

Dein Benutzerkonto verwalten

Wenn du ein ChatGPT-Benutzerkonto hast, werden dir verschiedene Einstellungen angeboten und du kannst dein Benutzerkonto natürlich auch jederzeit wieder löschen. Lass dir zeigen, wie du die Einstellungen aufrufst:

1. Klick links unten auf der ChatGPT-Seite auf deinen Benutzernamen.

2. Es öffnet sich ein Menü, in dem du dich auch abmelden kannst. Jetzt klickst du aber auf **Einstellungen**.

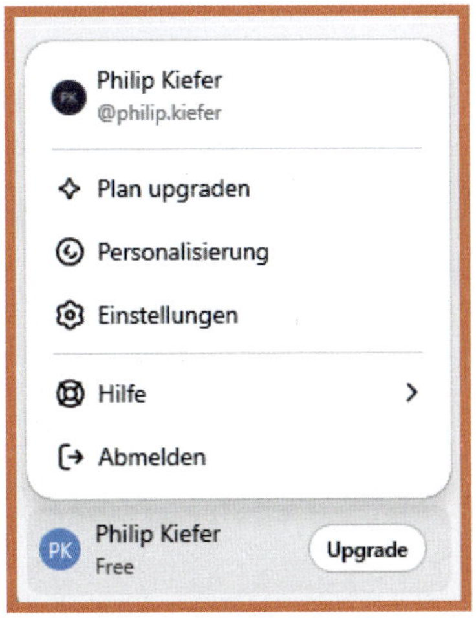

3. In den Einstellungen wählst du in der Seitenleiste eine Kategorie, etwa **Konto**.

4. Nun kannst du eine Funktion auswählen, etwa das Löschen des Benutzerkontos und vieles mehr.

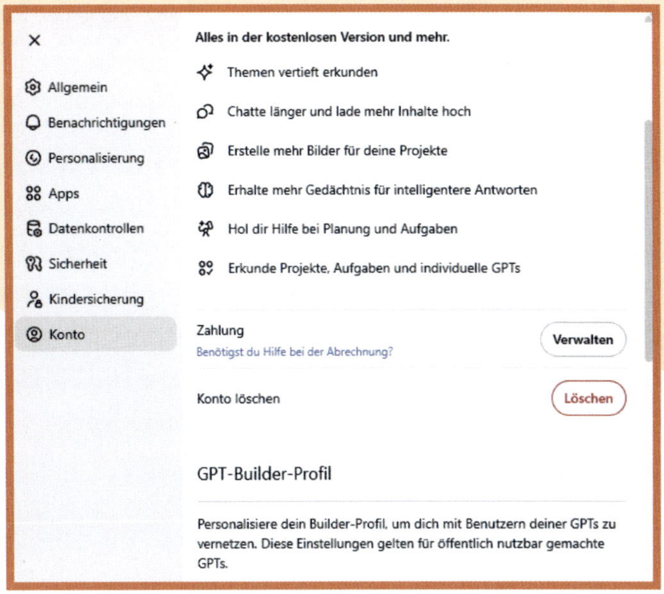

Übrigens klingt Benutzerkonto zwar wie Bankkonto, aber das heißt noch lange nicht, dass du etwas bezahlen musst. Die Basisversionen von ChatGPT und den meisten anderen KI-Anbietern sind kostenlos und für den Anfang vollkommen ausreichend.

Nachgefragt!

Was kann eigentlich passieren, wenn ich beim Anlegen eines Benutzerkontos einen falschen Namen und ein falsches Alter angebe?

Du kommst nicht ins Gefängnis, im schlimmsten Fall könnte aber dein Benutzerkonto gelöscht werden.

KI als Lerncoach – so hilft sie dir bei deinen Texten

KI ist besonders nützlich, wenn du für die Schule lernst, aber auch wenn du dich über Themen informieren willst, die gar nichts mit der Schule zu tun haben. In diesem Kapitel erfährst du, wie du der KI perfekte Befehle gibst, damit sie nichts ausgibt, das du überhaupt nicht verstehst. Mach dich außerdem damit vertraut, wie dir die KI bei Texten und bei deinen Hausaufgaben helfen kann.

Mit der KI kannst du offene Fragen klären, deine Rechtschreibung korrigieren oder lange Texte aus deinem Schulbuch übersichtlich zusammenfassen lassen. Du kannst dir sogar aus einer Wissens-Webseite eine Sendung erstellen, die du dir zum Einschlafen anhören kannst. Kurz, KI hilft dir dabei, noch klüger zu werden.

Das klingt schon fast nach dem Schlaraffenland, oder? Aber natürlich gibt es auch eine klare Regel: KI übernimmt für dich zwar das Sortieren, das Zusammenfassen oder Umformulieren, aber den wichtigsten Teil der Arbeit musst immer noch du selbst übernehmen. Denn das Wissen soll schließlich in deinem Kopf landen und nicht auf einem KI-generierten Papier kleben bleiben.

Mit der KI sprechen – so funktionieren Prompts

Wenn von KI gesprochen wird, hörst du oft das Wort ***Prompt***. Das bedeutet nicht, dass die KI prompt Ergebnisse liefert. Ein Prompt ist einfach der Befehl, den du der KI gibst. Jede Eingabe, die du mit der [↵]-Taste an die KI losschickst, ist ein Prompt.

Der Clou ist nun aber, dass sich die KI die Prompts merkt, die du in einem Chat bereits an sie losgeschickt hast. Du kannst also auf den vorherigen Prompts aufbauen, um die Ergebnisse zu verbessern.

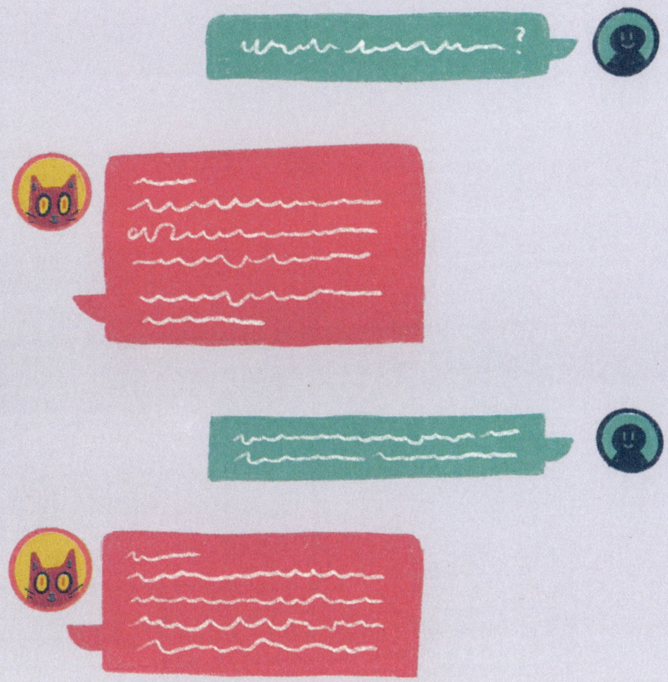

Zugegeben, das klingt jetzt etwas kompliziert. Lass uns das deshalb gleich an einem Beispiel anschauen. In dem Beispiel möchtest du dich über Kohlendioxid informieren, deshalb gibst du der KI den Prompt:

»Was ist Kohlendioxid?«

Nun kann Folgendes passieren. Am häufigsten erhältst du von der KI eine Antwort, bei der du nur »Bahnhof« verstehst, weil die Erklärungen sehr wissenschaftlich klingen, du aber wahrscheinlich noch keinen Doktortitel in Chemie hast. Oder du erhältst Antworten, die nicht in die Richtung gehen, die du dir vorgestellt hast. Du bist also mit der ersten Antwort nicht zufrieden. Dann schickst du einen zweiten Prompt hinterher, etwa:

»Erkläre das Wort einem zehnjährigen Kind!«

Nun wird dir die KI das Wort bildhafter erklären. Aber vielleicht ist dir das zu viel Text? Wenn das der Fall ist, kannst du einen dritten Prompt nachschicken:

»Erkläre es in fünf Sätzen!«

Gib der KI so viele Prompts, wie nötig sind, um ein Ergebnis zu erhalten, mit dem du etwas anfangen kannst. Im Lauf der Zeit wirst du herausfinden, wie du die KI schneller in eine bestimmte Richtung lenkst. Dann kannst du alle Anweisungen, die zu einem bestimmten Ergebnis führen, in einen einzigen Prompt packen:

»Was ist Kohlendioxid? Erkläre das Wort einem zehnjährigen Kind! Erkläre es in fünf Sätzen!«

Bei einfachen Fragen und Befehlen funktioniert das sehr gut. Bei komplizierteren Prompts kannst du die KI damit aber manchmal überfordern, sodass sie dann einzelne Befehle im Prompt »vergisst«. Mach es also nicht zu kompliziert!

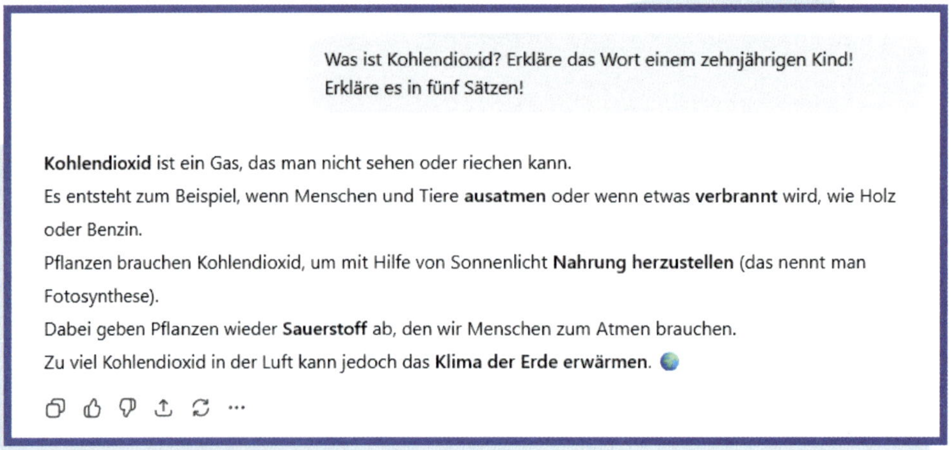

Was ist Kohlendioxid? Erkläre das Wort einem zehnjährigen Kind!
Erkläre es in fünf Sätzen!

Kohlendioxid ist ein Gas, das man nicht sehen oder riechen kann.
Es entsteht zum Beispiel, wenn Menschen und Tiere **ausatmen** oder wenn etwas **verbrannt** wird, wie Holz oder Benzin.
Pflanzen brauchen Kohlendioxid, um mit Hilfe von Sonnenlicht **Nahrung herzustellen** (das nennt man Fotosynthese).
Dabei geben Pflanzen wieder **Sauerstoff** ab, den wir Menschen zum Atmen brauchen.
Zu viel Kohlendioxid in der Luft kann jedoch das **Klima der Erde erwärmen**. 🌍

Du kannst der KI in deinem Prompt auch vorgeben, wie viele Zeichen oder Wörter die Antwort haben soll. Sei aber darauf gefasst, dass die KI nicht immer richtig zählt, sondern die Anzahl der Zeichen oder Wörter eher schätzt.

Was du in einem Prompt auch machen kannst: Versetz die KI in eine bestimmte Rolle. Du kannst z. B. sagen: »Sei meine beste Freundin!« oder »Sei ein strenger Fußballtrainer!« Die KI wird bei den Antworten versuchen, in diese Rolle zu schlüpfen.

Mit der KI dein Wissen abfragen

Mit einem Prompt kannst du aber nicht nur Wissen ausgeben, sondern auch dein bereits vorhandenes Wissen testen. Wie wäre es mit Übungsfragen oder einem Quiz zu dem Thema? Versuch es mit einem Prompt wie diesem:

»Erstelle für ein zehnjähriges Kind zehn Übungsfragen zum Thema Kohlendioxid!«

Nun stellt dir die KI knifflige Fragen und du kannst dein Wissen testen. Beantworte die Fragen.

Wenn du anschließend die Lösungen sehen möchtest, sagst du:

»Zeig mir die Lösungen!«

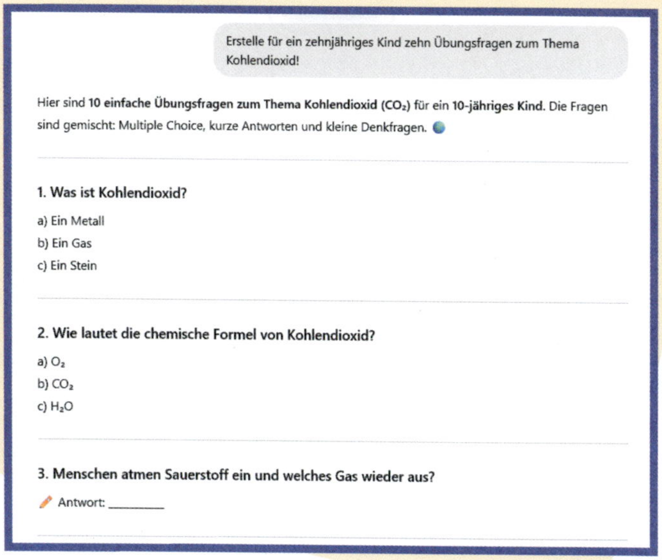

Erstelle für ein zehnjähriges Kind zehn Übungsfragen zum Thema Kohlendioxid!

Hier sind **10 einfache Übungsfragen zum Thema Kohlendioxid (CO_2)** für ein **10-jähriges Kind**. Die Fragen sind gemischt: Multiple Choice, kurze Antworten und kleine Denkfragen. 🌍

1. Was ist Kohlendioxid?

a) Ein Metall
b) Ein Gas
c) Ein Stein

2. Wie lautet die chemische Formel von Kohlendioxid?

a) O_2
b) CO_2
c) H_2O

3. Menschen atmen Sauerstoff ein und welches Gas wieder aus?

✏️ Antwort: ________

Tipp:
Der KI Lernmaterial mitgeben

Soll die KI ein ganz bestimmtes Wissen abfragen, etwa das Wissen, das du für die nächste Klassenarbeit brauchst? Du kannst der KI in einem Prompt auch gezielt deine schulischen Texte vorlegen, z. B. deine Mitschrift oder Seiten aus einem Schulbuch, und daraus ein Lernquiz erstellen.

Rechtschreibung dank künstlicher Intelligenz

Wissensfragen beantworten oder dir Wissensfragen stellen, darin ist die KI ganz stark. Aber wie sieht es eigentlich mit der Rechtschreibung aus? Versteht die KI dich auch, wenn du Wörter falsch schreibst? Ja, sehr gut sogar, und zwar selbst dann, wenn du viele Tippfehler machst.

Stellen wir die KI doch einmal mit einer total falsch geschriebenen Scherzfrage auf die Probe:

»Auf welchen Stuhl kan mahn nich sitzen?«

Die Lösung sollte zwar eigentlich »Fahrstuhl« heißen, aber die KI erkennt zumindest, dass es sich um eine Scherzfrage handelt, obwohl sich eine Menge Rechtschreibfehler in den Prompt eingeschlichen haben.

Auf welchen Stuhl kan mahn nich sitzen?

Das ist ein Wortwitz-Rätsel 😄

Antwort: Auf dem **Lehrstuhl** kann man nicht sitzen.

👉 Ein *Lehrstuhl* ist nämlich kein richtiger Stuhl, sondern eine **Professorenstelle an einer Universität.**

Wenn du willst, kann ich dir auch noch ein paar ähnliche Rätsel schicken 🤓

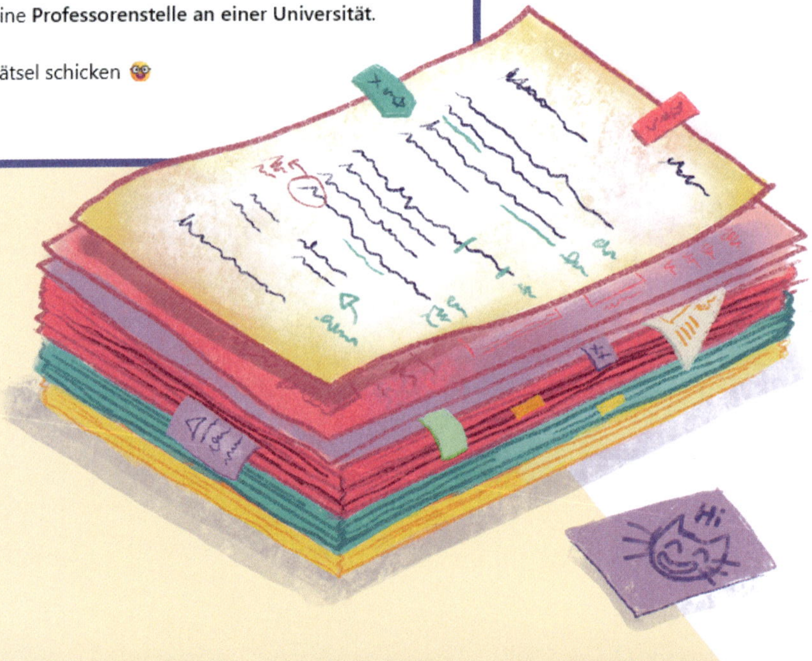

Das heißt aber nicht, dass die KI keine Rechtschreibfehler erkennen kann. Aber dazu musst du der KI eine eigene Anweisung erteilen. Versuch es mit dieser:

»Korrigiere in den folgenden Prompts alle Rechtschreibfehler!«

Tipp deine Texte in das Eingabefeld oder kopiere sie rein und drück die ↵-Taste. Schon erhältst du die Korrekturen. Wiederhole das Ganze mit weiteren Texten. Übrigens kannst du nicht nur einzelne Sätze eintippen oder reinkopieren, sondern auch längere Texte von mehreren Seiten. Wie viele Seiten genau, hängt von der KI ab, die du verwendest.

Tipp: Was heißt »Reinkopieren«?

Damit du die ganzen Texte nicht mehrmals eintippen musst, kannst du sie von einem bereits vorhandenen Dokument in die KI kopieren. Dazu fährst du mit dem Mauszeiger über den Text, während du die linke Maustaste gedrückt hältst. Kopiere den Text mit den Tasten `Strg` + `C` in die Zwischenablage. Klick in das KI-Eingabefeld und füg den Text dort mit `Strg` + `V` ein. Das nennt man auch ***Copy and Paste*** (= Kopieren und Einfügen).

KI kann auch handschriftliche Texte korrigieren

Aber vielleicht hast du ganz viel Text auf Papier geschrieben und keine Lust, das nun noch mal in das Eingabefeld der KI zu tippen? Verständlich!

Wenn du ein Smartphone oder ein Tablet mit Kamera hast oder eine sonstige Digitalkamera, dann bist du klar im Vorteil. Denn dann brauchst du den Text nur abzufotografieren und an die KI zu senden:

1. Nimm das Foto auf und übertrag es, falls notwendig, auf den Computer, auf dem du die KI verwendest. Wenn du auf dem Smartphone oder Tablet ein Foto machst und die KI auf dem gleichen Gerät befragst, erübrigt sich das Übertragen.

2. In ChatGPT, aber auch bei den anderen großen KI-Anbietern findest du in der Regel beim Eingabefeld ein Pluszeichen. Klick darauf, wenn du etwas anderes an die KI senden willst als eingetippten Text.

3. In diesem Fall lautet die Menüauswahl **Fotos und Dateien hinzufügen**. Bei anderen KI-Anbietern kann die Auswahl auch anders lauten, etwa »Hochladen« oder Ähnliches.

4. Wähle anschließend die Bilddatei mit dem abfotografierten Text aus und klick auf **Öffnen**. Falls du Probleme damit haben solltest, die Datei zu finden, lass dir von einer erwachsenen Person helfen. Du kannst auch mehrere Dateien gleichzeitig in die KI laden.

5. Hast du oben bereits den Prompt für die Rechtschreibprüfung eingegeben? Dann brauchst du bloß die [↵]-Taste zu drücken. Ansonsten sende deinen Prompt zusammen mit der Bilddatei.

6. Es dauert nun etwas länger, da die KI das Bild zunächst analysieren und die Schrift entziffern muss. Bei einer unleserlichen Schrift ist das eine ziemliche Herausforderung für die KI. Aber im Anschluss an die Analyse erhältst du die Korrektur. In dem Bild siehst du, dass die Korrektur nicht immer stimmen muss. Hier wird z. B. das »Hallo« für ein »Hello« gehalten. Ja, die KI kann manchmal auch komisch sein. Dabei habe ich doch sehr leserlich geschrieben, oder etwa nicht?

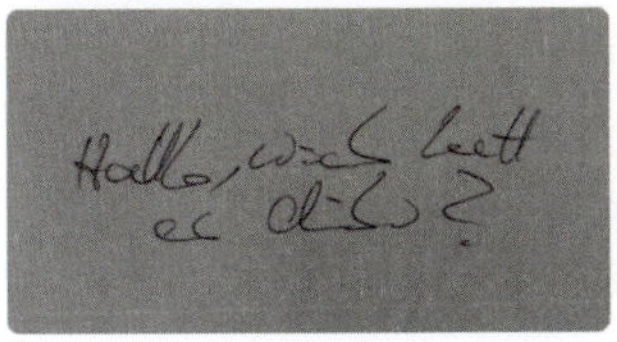

Der handgeschriebene Text lautet vermutlich:

„Hello, wie geht es dir?"

Rechtschreiblich korrekt auf Deutsch wäre:

„Hallo, wie geht es dir?" 😊

Wenn du möchtest, kann ich auch:

- die **Handschrift genauer transkribieren,**
- oder dir sagen, **welche Buchstaben schwer lesbar sind.**

Nachgefragt!

Ist es Schummelei, wenn du die KI deine Rechtschreibung korrigieren lässt, z. B. wenn du als Hausaufgabe einen Aufsatz schreiben sollst und diesen ohne Rechtschreibfehler abgeben möchtest?

Normalerweise nicht, denn sonst dürfest du auch nicht im Duden nachschlagen. Aber natürlich darfst du nicht während einer Klassenarbeit aufs Smartphone spicken.

Mit künstlicher Intelligenz automatisch übersetzen

Lernst du in der Schule bereits eine Fremdsprache wie Englisch? Oder ist deine Muttersprache vielleicht gar nicht Deutsch? Der KI macht das gar nichts aus, denn die meisten KIs beherrschen nicht nur eine, sondern Dutzende Sprachen. Du kannst deine Prompts also auch in anderen Sprachen schreiben. Und du kannst von der KI Texte von einer Sprache in die andere übersetzen lassen.

Sprichst du beispielsweise Japanisch? Die Wahrscheinlichkeit dafür als Schülerin oder Schüler in einem deutschsprachigen Land ist äußerst gering. Aber wer weiß. Lass dir mal von der KI einen Text auf Japanisch schreiben. Und falls du ihn nicht lesen kannst, lass ihn von der KI einfach übersetzen:

1. Fordere die KI auf, in japanischer Sprache eine kurze Biografie von Ada Lovelace zu schreiben. Sie hat im 19. Jahrhundert gelebt und gilt als erste Programmiererin überhaupt. Hier wird dieser Prompt verwendet: »Beschreibe in drei Sätzen das Leben von Ada Lovelace, und zwar auf Japanisch.«

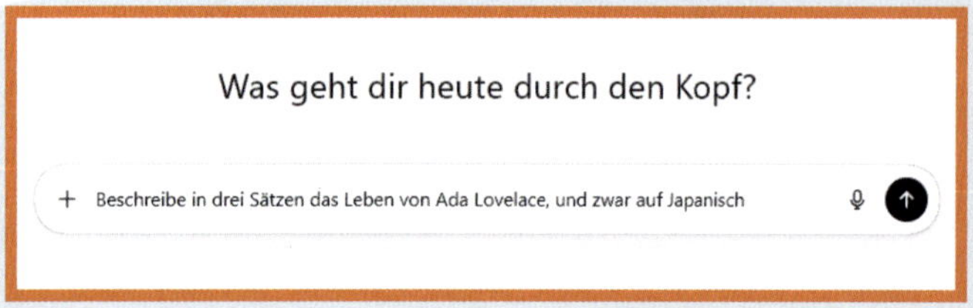

2. Die KI liefert das gewünschte Ergebnis? Aber vielleicht auch nicht? Du kannst die japanischen Zeichen wahrscheinlich gar nicht verstehen. Immerhin kannst du zwei Namen lesen: Ada Lovelace und Charles Babbage.

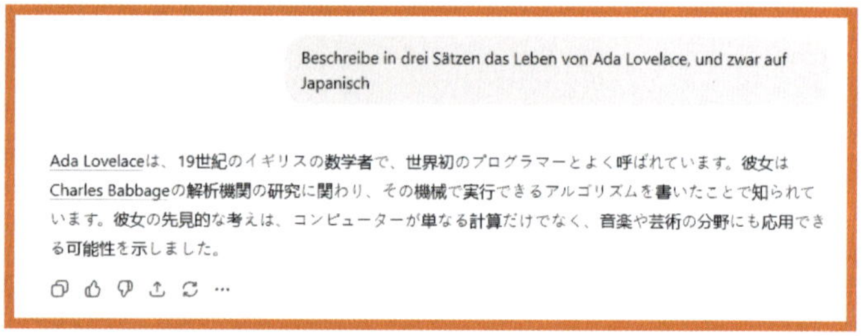

3. Möchtest du den Text doch lieber auf Deutsch lesen? Dafür genügt der Prompt: »deutsche Übersetzung«.

4. Der zuvor auf Japanisch verfasste Text wird dir nun in deutscher Sprache angezeigt.

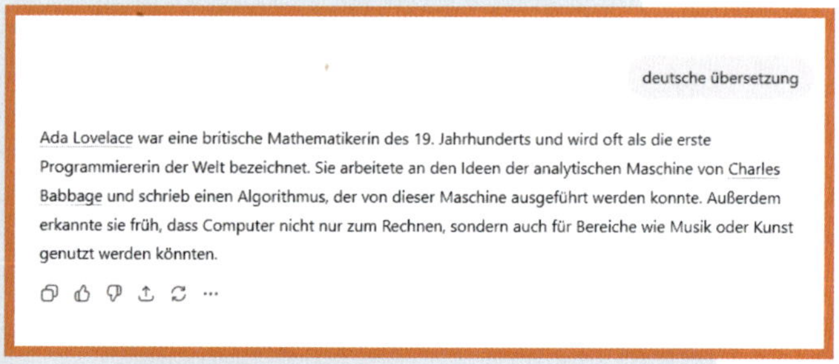

5. Aber welches Wort steht im Japanischen wofür? Auch das kannst du die KI fragen, z. B. mit dem Prompt: »Markiere das Wort Programmiererin im japanischen Text.«

6. Die KI setzt deine Befehle sofort um und du kannst nun japanische Wörter lernen.

Markiere das Wort Programmiererin im japanischen Text

Hier ist der japanische Text mit dem Wort **Programmiererin** markiert:

Ada Lovelaceは、19世紀のイギリスの数学者で、世界初の**プログラマー**とよく呼ばれています。彼女はCharles Babbageの解析機関の研究に関わり、その機械で実行できるアルゴリズムを書いたことで知られています。彼女の先見的な考えは、コンピューターが単なる計算だけでなく、音楽や芸術の分野にも応用できる可能性を示しました。

Das markierte Wort **プログラマー** bedeutet **Programmierer / Programmiererin.** 💻

7. Jetzt weißt du zwar, wie du Programmiererin auf Japanisch schreibst. Doch wie sprichst du das Wort eigentlich aus? Lass es dir von der KI sagen: »Wie wird Programmiererin ausgesprochen?«

8. Die KI liefert eine Beschreibung der Aussprache, mit der du sicher etwas anfangen kannst.

Wie wird Programmiererin ausgesprochen?

Das japanische Wort für „Programmiererin" im Text ist **プログラマー**.

Aussprache (ungefähr auf Deutsch):
pu-ro-gu-ra-maa

Aufgeteilt:

- プ (pu)
- ロ (ro)
- グ (gu)
- ラ (ra)
- マー (maa – langes „a")

👉 Insgesamt klingt es etwa wie: „**puroguramaa**".

Hinweis: Im Japanischen bedeutet **プログラマー (puroguramā)** sowohl *Programmierer* als auch *Programmiererin* – es gibt meist keine getrennte männliche und weibliche Form. 💻

Probiere es aus!

Habt ihr in der Klasse Mitschülerinnen oder Mitschüler, die neben Deutsch noch eine andere Sprache sprechen? Versucht doch mal, euch in einer anderen Sprache zu unterhalten. Greift dabei auf die Aussprachehilfen der KI zurück.

Info: Was bedeutet »Prompting«?

Wenn du der KI Anweisungen gibst, also einen Prompt schreibst, nennt man das auch *Prompting*. Gutes Prompting meint, dass du so gute Prompts schreibst, dass die KI schnell die gewünschten Ergebnisse liefert.

Lieber lustig als förmlich? Die KI hilft dir beim Umformulieren

Künstliche Intelligenz kannst du auch mit einer Verwandlungskünstlerin oder einem Stimmenimitator vergleichen. Wenn du die KI einen Text in einem bestimmten Stil erstellen lässt oder ihr einen eigenen Text vorgibst, kann sie diesen durch einen einzigen Prompt in einem anderen Stil zusammenmixen.

Als Beispiel habe ich die KI einen Fachtext über Eismaschinen schreiben lassen. Du weißt schon, das sind diese Lieblingsmaschinen, mit denen ihr zu Hause eigenes leckeres Speiseeis herstellen könnt. Der von der KI erzeugte Fachtext klingt aber nicht nach cremigem Eis, sondern ziemlich trocken.

Schreibe einen Fachtext über Eismaschinen

Fachtext: Eismaschinen – Technik, Funktionsweise und Einsatzbereiche

Eismaschinen sind technische Geräte zur Herstellung von Speiseeis oder Speiseeisgrundmassen durch kontrolliertes Gefrieren unter gleichzeitiger Bewegung. Sie kommen sowohl im privaten Haushalt als auch in der professionellen Gastronomie und industriellen Produktion zum Einsatz. Ziel ist es, eine feine, cremige Struktur zu erzeugen, indem die Bildung großer Eiskristalle verhindert wird.

1. Grundprinzip der Eisherstellung

Die Herstellung von Speiseeis basiert auf dem Gefrieren einer Flüssigkeit, die typischerweise aus Wasser, Milch oder Sahne, Zucker sowie optional Aromen und Stabilisatoren besteht. Während des Gefrierprozesses wird die Masse kontinuierlich gerührt. Diese Bewegung sorgt dafür, dass Luft eingeschlagen wird (Overrun) und sich nur kleine Eiskristalle bilden, was die gewünschte cremige Konsistenz ermöglicht.

2. Bauarten von Eismaschinen

a) Eismaschinen ohne Kompressor

Diese Geräte arbeiten mit einem vorgekühlten Behälter, der meist ein Kühlgel enthält. Der Behälter muss mehrere Stunden im Gefrierfach vorkonditioniert werden. Anschließend wird die Eismasse eingefüllt und durch ein Rührwerk bewegt. Vorteile sind die einfache Bauweise und der günstige Preis, Nachteile sind die begrenzte Produktionsmenge und die Abhängigkeit vom Gefrierfach.

b) Eismaschinen mit Kompressor

Diese Maschinen verfügen über ein integriertes Kühlsystem, ähnlich einem Kühlschrank. Sie können die Eismasse selbstständig herunterkühlen und sind sofort einsatzbereit. Dadurch ermöglichen sie mehrere Produktionszyklen hintereinander und bieten eine kc ↓ ante Kühlleistung. Sie werden häufig in der Gastronomie oder von ambitionierten Hobbyanwendern genutzt.

Wenn du den Fachtext lieber in einen lustigen Text verwandeln willst, brauchst du nicht »Hokuspokus« zu sagen. Gib lieber einen Prompt ein wie diesen: »Schreib den Text lustig um, ich will mindestens dreimal lachen.« Das Ergebnis siehst du in der Abbildung.

Schreibe den Text lustig um, ich will mindestens dreimal lachen

Fachtext (mit Humor-Upgrade): Eismaschinen – Die coolsten Geräte seit der Erfindung des Kühlschranks

Eismaschinen sind im Grunde kleine Wunderwerke der Technik – oder einfacher gesagt: Geräte, die aus langweiligem Flüssigkram plötzlich Glück in Becherform machen. Ihr Hauptziel? Dich davon abzuhalten, mitten in der Nacht verzweifelt mit einem Löffel im Gefrierfach zu stehen. (Wir urteilen nicht.)

1. Das Grundprinzip: Wie aus Milch Magie wird

Eine Eismaschine nimmt eine Mischung aus Milch, Sahne, Zucker und allem, was dein inneres Kind glücklich macht – und verwandelt sie durch Kälte und Bewegung in cremiges Eis.

Das Geheimnis liegt darin, dass die Masse ständig gerührt wird. Ohne Rühren würdest du am Ende eher einen traurigen Eisblock bekommen. Mit Rühren hingegen: cremiger Traum.

Man könnte sagen:
Eismaschinen sind wie Fitnesscoaches für Dessert – ohne Bewegung kein Erfolg.

2. Die verschiedenen Typen von Eismaschinen

a) Maschinen ohne Kompressor

Das sind die „Ich-plane-mein-Leben-24-Stunden-im-Voraus“-Modelle.
Du musst den Behälter vorher einfrieren – und zwar lange. Sehr lange.

Perfekt für Menschen, die organisiert sind.
Also… für andere Leute.

Aber die KI kann noch mehr, viel mehr. Hast du schon mal von Johann Wolfgang von Goethe gehört? Der Mann lebte von 1749 bis 1832 und war nicht nur ein großer Dichter, sondern auch sonst ein ziemliches Genie. Was hätte er wohl zu dem Gedicht gesagt, das die KI in Sekundenschnelle in seinem Stil erzeugt hat? Na ja, er hätte wohl den Zauberlehrling rufen lassen: »Die ich rief, die Geister, werd ich nun nicht los … die Maschine macht zu viel Eis, Hilfe!«

Ach, schreibe den Text doch lieber so, als wäre ich der Dichter Johann Wolfgang von Goethe

Über die wundersame Kunst der Eismaschinen
(im Stile von Johann Wolfgang von Goethe)

O welch erstaunlich Werk der Menschengeist vermag,
Wenn er das Flüchtige, das Sanfte, das Kalte bezwingt!
Die Eismaschine – ein sonderbar Gerät –
Vereint Natur und Kunst in stiller Harmonie.

Was einst dem Winter nur gehörte,
Das Eis, so klar, so hart, so rein,
Wird nun im Innern kleiner Werke
Dem Menschen jederzeit zu eigen sein.

In einem Kessel ruht die süße Masse,
Aus Milch und Zucker wohl bereitet,
Und wird durch stetig sanftes Drehen
Zur zarten Köstlichkeit geleitet.

Denn siehe: Ohne Bewegung bliebe alles starr,
Ein kalter Block, dem Leben fern;
Doch durch das Rühren, mild und wahr,
Wird Weichheit uns zum süßen Kern.

Zwei Arten zeigen sich dem kund'gen Blick:
Die eine harrt geduldig kühler Stunden,
Im Froste erst gewinnt sie ihr Geschick –
Die andre hat die Kälte schon gebunden.

Nachgefragt!

Wenn die KI sogar Gedichte schreiben kann, sind die Texte, die Menschen schreiben, deshalb nun weniger wert?

Die KI kann zwar ganz gut reimen, aber es fehlt die persönliche Note, die den Wert eines solchen Textes ausmacht.

Achtung: Nicht bei der KI bedanken

Die KI wirkt menschlich und deshalb möchtest du höflich sein. Erhältst du eine hilfreiche Antwort, willst du dich vielleicht bei der KI dafür bedanken. Aber lass das sein, denn jeder Prompt, den du absendest, verbraucht Strom – und dazu zählt auch ein Dankeschön, das in diesem Fall sinnlos ist.

Probiere es aus!

Lass doch mal den Text aus einem Schulbuch in ein Gedicht oder in ein Märchen umschreiben. Du lernst was dabei und hast gleichzeitig Spaß.

Lass die KI ein Konzept erstellen

Manchmal brauchst du nicht einen kompletten Infotext zu Eismaschinen oder was auch immer, sondern du möchtest ein Referat vorbereiten, das du in der Schule zu einem bestimmten Thema halten sollst. Aber wo fängst du da an? Was gehört zu dem Thema? Welche Punkte solltest du unbedingt erwähnen?

KI kann dir dabei helfen, das Referat vorzubereiten – halten musst du es aber immer noch selbst.

Starte einen neuen KI-Chat. Beginn mit einem Prompt, in dem du der KI dein Vorhaben möglichst klar mitteilst. Der Prompt könnte z. B. lauten:

»Ich will im Sachunterricht ein Referat über den Klimawandel halten. Ich bin in der sechsten Klasse. Das Referat soll 15 bis 20 Minuten dauern. Kannst du mir dabei helfen?«

Die KI wird dir nun nicht antworten: »Nö, du kannst mich mal!«, sondern sie wird dir gleich einen Vorschlag machen, wie du dieses Referat aufbauen könntest.

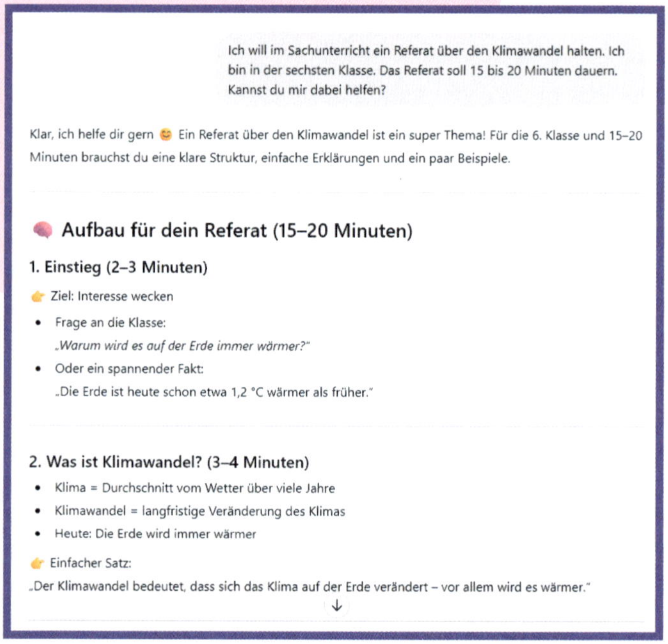

Mit entsprechenden Prompts kannst du die KI dazu bewegen, das Konzept zu ändern, wenn du noch bestimmte Sachen einbauen oder weglassen möchtest oder wenn du einige Themen umstellen willst. Damit du nicht stotternd vor der Klasse stehst, könntest du das Referat theoretisch sogar von der KI ausformulieren lassen, aber das müsstest du auf alle Fälle zuerst mit deiner Lehrerin oder deinem Lehrer besprechen.

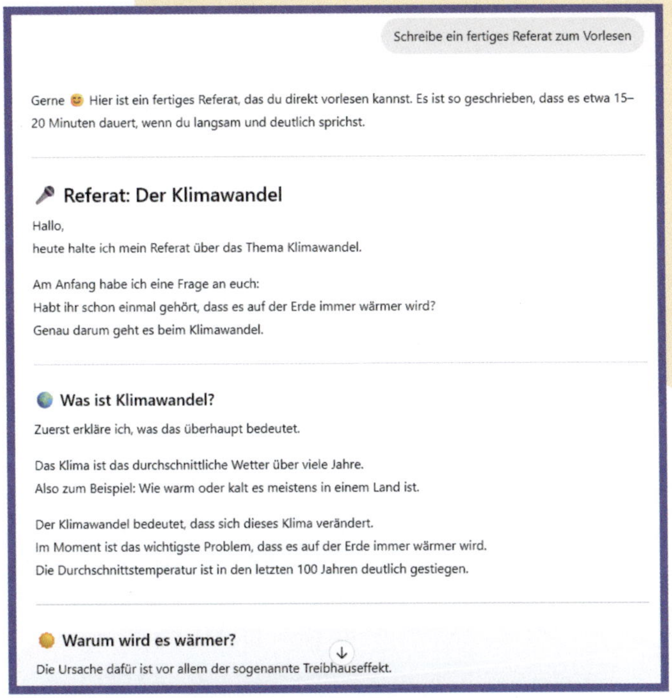

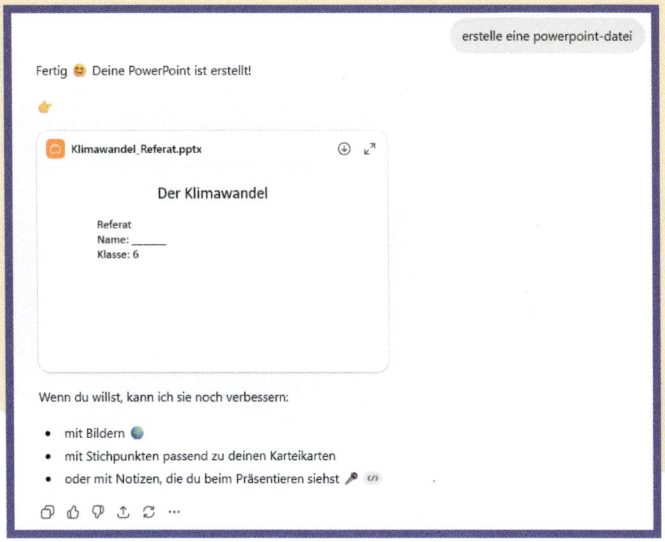

Falls du dich mit Technik gut auskennst, kannst du während deines Referats eine Präsentation auf einer Beamerleinwand zeigen und alle beeindrucken. Für Präsentationen wird oft das Programm ***PowerPoint*** verwendet. ChatGPT erstellt dir mit dem Prompt »Erstelle eine PowerPoint« eine solche Datei, die du dann herunterladen kannst.

Denk bitte immer daran: Wenn du die KI alles erledigen lässt, dann ist das so, als ob du dir im Fernsehen eine Sportveranstaltung anschaust und dabei eine Tüte Chips isst. Willst du fit und muskulös sein, musst du aber schon selbst trainieren.

Probiere es aus!

Wofür könntest du noch Konzepte brauchen? Vielleicht für eine eigene Geschichte, die du schreibst, oder für ein Bastelprojekt? Lass dir von der KI assistieren.

Achtung: Fair bleiben – KI-Nutzung nicht verheimlichen!

Deine Lehrerinnen und Lehrer werden bestimmt mit euch in der Klasse besprechen, was ihr für die Schule mit KI machen dürft. Halt dich daran und verheimliche die KI-Nutzung nicht! Die Lehrkräfte und auch deine Mitschülerinnen und Mitschüler würden es sowieso merken.

Schreib ein eigenes Buch – gemeinsam mit der KI

Das, was heute als KI in aller Munde ist, ist eine sogenannte ***generative künstliche Intelligenz***. Sie heißt deshalb so, weil sie aus dem, was ihr antrainiert wird, etwas Neues erzeugen, also etwas generieren kann. Aber wie weit kann das eigentlich gehen? Was denkst du: Könntest du ein komplettes Buch von der KI schreiben lassen, z. B. ein hochspannendes Werk über die Geschichte des Staubsaugers?

Tipp: KI-Texte erkennen

Wurde ein Text von KI geschrieben? Das lässt sich oft durch typische KI-Sprüche herausfinden, wie etwa ein »Zusammengefasst« am Ende einer Erklärung. Du kannst aber auch die KI selbst befragen: »Wie wahrscheinlich wurde dieser Text von einer KI verfasst?«. Du erhältst dadurch oft Anhaltspunkte, was im Text KI-mäßig wirkt. Schließlich gibt es im Internet auch sogenannte ***KI-Detektoren***, die allerdings weniger gut funktionieren.

Ja, warum eigentlich nicht? Allerdings wird das nicht mit einem einzigen Prompt klappen, denn die KI kann nur eine bestimmte Menge Text auf einmal ausgeben – nicht genug für ein ganzes Buch. Aber du kannst Schritt für Schritt vorgehen, wie dir das folgende Beispiel zeigt:

1. Gib einen passenden Prompt zu deinem Projekt ein, vielleicht so was: »Ich will ein Jugendbuch mit 200 Seiten über die Geschichte des Staubsaugers schreiben. Kannst du mir dabei helfen?« Die KI liefert Anregungen dazu.

Ich will ein Jugendbuch mit 200 Seiten über die Geschichte des Staubsaugers schreiben. Kannst du mir dabei helfen?

Ja, das ist eine richtig spannende und ungewöhnliche Idee – perfekt für ein Jugendbuch!
Die Geschichte des Staubsaugers bietet nämlich mehr Drama, Erfindungsgeist und kuriose Wendungen, als man denkt.

Ich kann dich dabei komplett begleiten: von der Idee über die Struktur bis hin zu einzelnen Kapiteln. Lass uns das Schritt für Schritt angehen.

1. Grundidee: Sachbuch oder Story?

Zuerst eine wichtige Entscheidung:

Willst du…

1. ein *erzählerisches Sachbuch* (locker erklärt, aber faktenbasiert), oder
2. eine *richtige Geschichte* mit Figuren, die die Entwicklung miterleben?

Für ein Jugendbuch empfehle ich **Variante 2** – z. B.:

- Ein Kind entdeckt eine alte Maschine und reist durch die Zeit
- Oder ein junger Erfinder versucht, selbst einen Staubsauger zu bauen
- Oder sogar ein „sprechender Staubsauger" erzählt seine eigene Geschichte

2. Aufbau für ca. 200 Seiten

Hier ist eine mögliche Struktur:

2. Sobald du dir mit der KI über das Konzept einig bist, sagst du: »Schreib das erste Kapitel«, und die KI macht sich sofort an die Arbeit, während du aus dem Fenster schaust und eine Limo schlürfst.

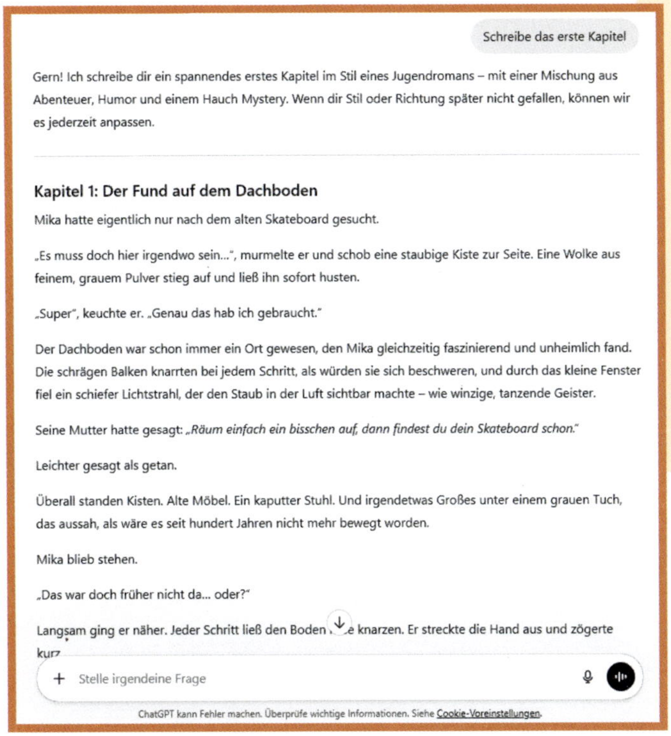

3. Klick unter dem erzeugten Kapitel auf das Symbol, das zwei aufeinanderliegende Blätter zeigt. Du weißt schon, dass es **Antwort kopieren** bedeutet. Nun kannst du das Kapitel in ein anderes Dokument einfügen, z. B. in ein Textprogramm wie Microsoft ***Word***. Die Tastenkombination zum Einfügen ist, wie du bereits gelernt hast, `Strg` + `V`.

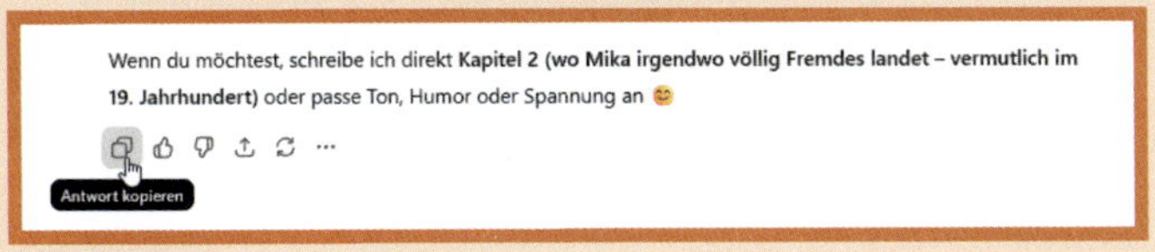

4. Die KI bietet dir nun an, das zweite Kapitel zu schreiben. Jetzt brauchst du bloß noch »Ja« einzutippen. Wieder kannst du das fertige Kapitel kopieren und in ein Dokument einfügen. Wenn du so Kapitel für Kapitel weitermachst, hast nach ungefähr einer halben Stunde ein fertiges Buch über die Geschichte des Staubsaugers zusammen.

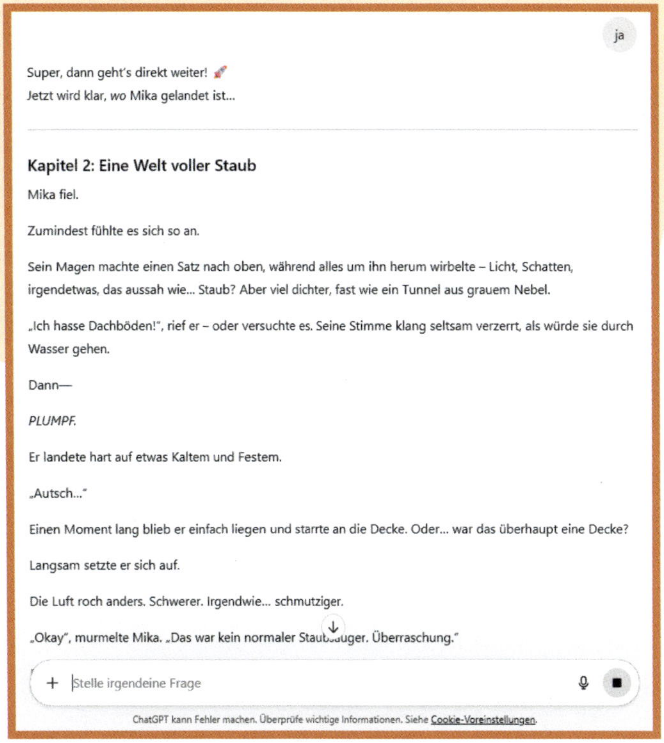

Und das ist wirklich keine Kopie von irgendwas? Nein, die generative KI hat dieses Buch tatsächlich neu erstellt. Wenn das nicht krass ist! Da ist es kaum ein Wunder, dass der Buchmarkt seit einiger Zeit von KI-generierten E-Books überschwemmt wird.

Lesezeit sparen – lange Texte zusammenfassen

Was magst du eigentlich lieber: wenn dir jemand beschreibt, wie eine Pizza schmeckt, oder wenn du die Pizza selbst schnabulierst? Ich wette, dass du die Pizza lieber selber futterst. So ist das eigentlich auch bei Büchern: Du kannst dir den Inhalt beschreiben lassen, aber Selberlesen ist halt doch noch mal was anderes.

Aber vielleicht hast du ja einen Text für die Schule schon selbst gelesen und willst ihn dir nun zum Lernen zusammenfassen lassen? Mit KI ist das gar kein Problem:

1. Gib der KI zunächst den erforderlichen »Input«: Kopiere den Originaltext in das Eingabefeld oder lade abfotografierte Seiten in die KI hoch. Im Beispiel verwende ich drei Seiten aus einem uralten Märchenbuch.

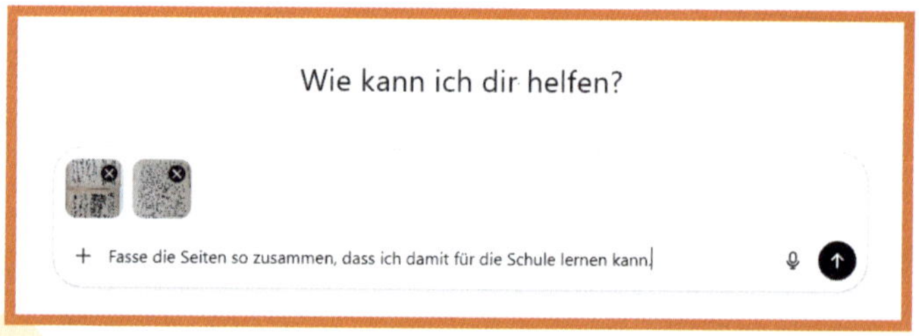

2. Gib einen sinnvollen Prompt ein und drück die [↵]-Taste. Hier lautet der Prompt: »Fasse die Seiten so zusammen, dass ich damit für die Schule lernen kann.«

3. Die KI liefert ein Ergebnis, das du zum Lernen verwenden kannst. Und falls es dir nicht reicht, verbesserst du das Ergebnis einfach mithilfe eines weiteren Prompts.

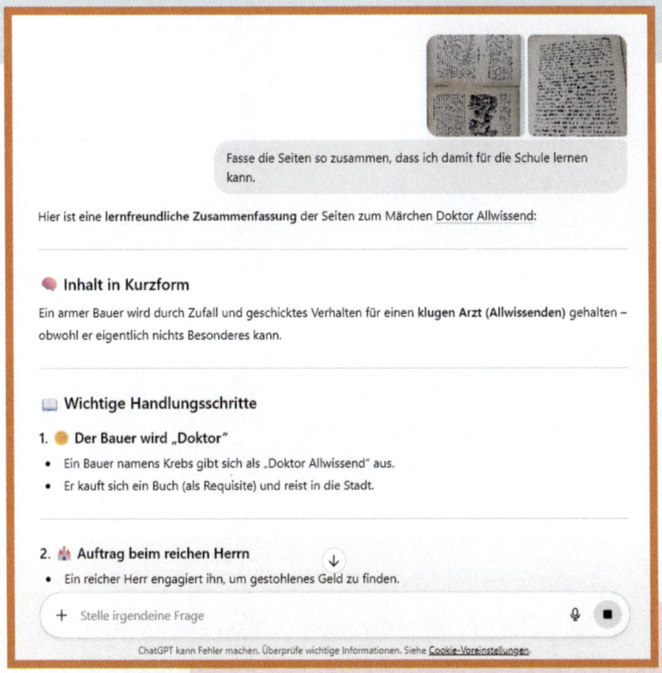

Du kannst übrigens nicht nur Texte aus Schulbüchern zusammenfassen lassen, sondern auch deine eigenen Mitschriften in den Schulheften. Wetten, dass die KI zumindest das meiste entziffern kann? Und falls du mal etwas falsch mitgeschrieben hast, kann die KI auch Fehler korrigieren, bevor sie dir eine Zusammenfassung liefert.

Info: Wie kann ich scrollen?

Passt nicht der gesamte Text, den die KI ausgibt, auf den Bildschirm, *scrollst* du nach unten. Du kannst dazu rechts im Browserfenster auf den Scrollbalken klicken und diesen bei gedrückter linker Maustaste nach unten ziehen. Du kannst aber auch am mittleren Rad deiner PC-Maus nach unten drehen oder auf der Tastatur die [↓]-Taste drücken. Auf einem Gerät mit Touchscreen streichst du mit dem Finger von unten nach oben, um den unteren Teil des Textes sichtbar zu machen.

Karteikarten, Infografiken und weitere Lernhilfen erstellen

Gerade zum Lernen hat dir KI wirklich viel zu bieten. Lass mich dir in diesem Zusammenhang die Plattform ***Gemini Notebook*** vorstellen, die von Google betrieben wird. Bis Juli 2026 hieß die Plattform NotebookLM, wobei LM für »Language Model« steht, also Sprachmodell.

Der Name der Plattform klingt vielleicht etwas uninteressant, aber damit kannst du wirklich nützliche Dinge zaubern, nämlich:

→ **Audiozusammenfassungen**: Lass zwei Personen sich über ein Thema unterhalten, für das du gerade lernst. Das Ergebnis klingt wie eine Radiosendung, die du dir gemütlich zum Einschlafen anhören kannst.

→ **Erklärvideos**: Oder möchtest du das Thema lieber in einem kurzen Erklärvideo lernen? Das kannst du dir innerhalb von ein paar Minuten bei Gemini Notebook erstellen lassen.

→ **Präsentationen**: Präsentationen kannst du, wie du ja bereits gelesen hast, auch von ChatGPT und Co. erstellen lassen. Bei Gemini Notebook hast du aber noch bessere Eingabemöglichkeiten.

→ **Quiz**: Dein Wissen abfragen und dabei dazulernen – lass dir dazu von der KI ein Quiz erstellen.

→ **Karteikarten**: Oder lernst du lieber ganz klassisch mit Lernkärtchen? Auch diese kann die KI erzeugen.

→ **Mindmaps**: Eine ***Mindmap*** ist eine Übersicht über das Wissen, das du lernen willst. Sie wird so aufbereitet, dass sich dein Gehirn alles besonders gut merken kann.

→ **Infografiken**: Erstell aus dem Wissen eine Abbildung mit den wichtigsten Punkten, die du über ein Thema wissen musst.

→ **Datentabellen**: Die Quellen, die du einem Notizbuch (Notebook) hinzugefügt hast, lassen sich in einer Datentabelle darstellen.

→ **Berichte**: Mit dieser Funktion erhältst du eine Beschreibung des Themas in Textform. Das Besondere: Du kannst bestimmen, um was für einen Text es sich handeln soll. Wähle z. B. **Lernplan**.

Das klingt zwar gut, aber nun wirst du dich wahrscheinlich fragen, wie du Gemini Notebook eigentlich verwenden kannst. Ich zeige es dir an einem Beispiel, wobei ich aber noch mal auf die unterschiedlichen Altersgrenzen der KIs hinweisen muss. Am besten folgst du der Anleitung im Zweifelsfall also mit einem Elternteil oder einer Lehrkraft. Für die Nutzung von Gemini Notebook wird die Anmeldung mit einem Google-Benutzerkonto vorausgesetzt.

In dem Beispiel soll aus verschiedenen Webseiten über die Raumfahrt ein Erklärvideo zusammengebastelt werden. Beachte, dass ich nicht jeden kleinsten Schritt zeige, sonst würde die Anleitung ein ganzes Kapitel füllen.

Tipp: Gemini Notebook ohne Anmeldung kennenlernen

Möchtest du erfahren, was Gemini Notebook kann, ohne dich anmelden zu müssen? Unter der Webadresse **www.rheinwerk-verlag.de/6332** findest du unter den Materialien zum Buch ein Beispiel, in dem sich die KI über den Autor dieses Buches und auch über das Buch selbst austauscht.

1. Melde dich unter der Webadresse **notebooklm.google.com** an und wähle **Neues Notebook erstellen**. Hinweis: Die Webadresse trägt noch den alten Namen, was sich in Zukunft ändern könnte.

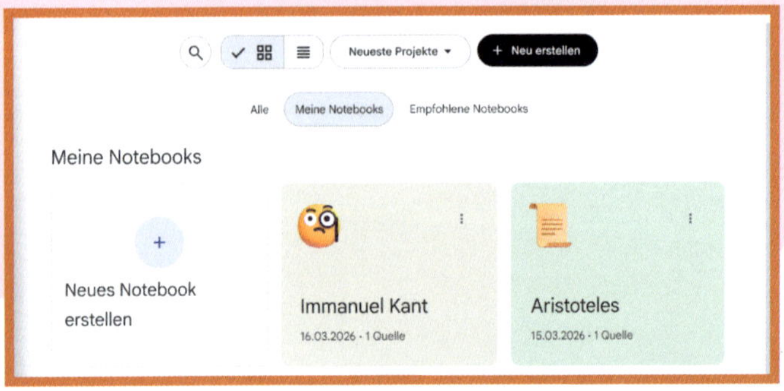

2. Such z. B. nach den Begriffen »Wikipedia Raumfahrt« und drück die [↵]-Taste. Du könntest auch Text reinkopieren, abfotografierte Seiten hochladen oder bestimmte Webadressen angeben. Hier geht es nur darum, Gemini Notebook mit Quellen zu versorgen, die du in dein Notizbuch aufnehmen willst.

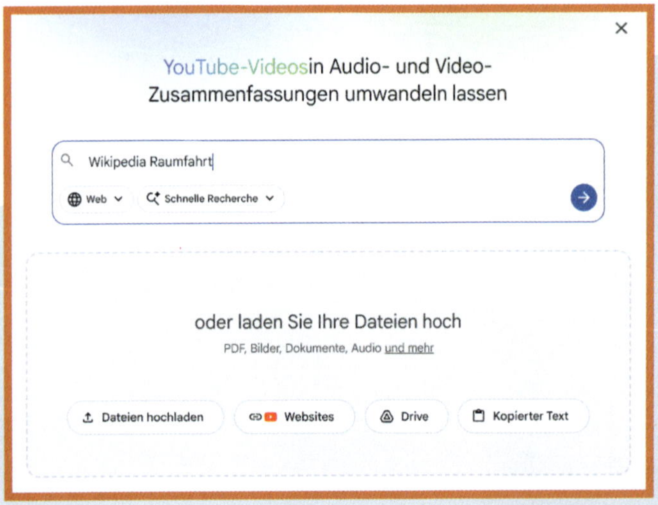

3. Die gefundenen Quellen werden dir angezeigt. Bestätige mit einem Mausklick auf den Button **Importieren**.

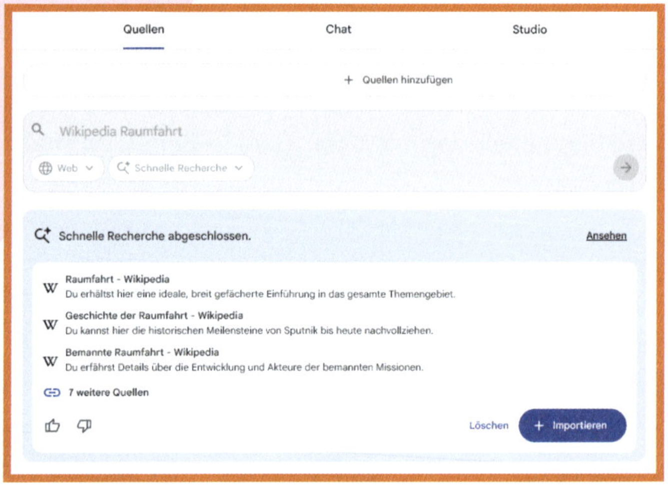

4. Wechsle nun von der Übersicht **Quellen** zur Übersicht **Studio**. Daraufhin werden dir die verschiedenen Lernmedien angezeigt, die ich dir oben vorgestellt habe.

Achtung: Limit beachten!

Leider kannst du nicht unbegrenzt Audiozusammenfassungen oder Erklärvideos pro Tag erstellen, geh mit den Funktionen also sparsam um. Gemini Notebook meldet, wenn das ***Limit*** erreicht ist.

5. Du möchtest ein Erklärvideo erzeugen. Dazu klickst du auf **Videoübersicht**.

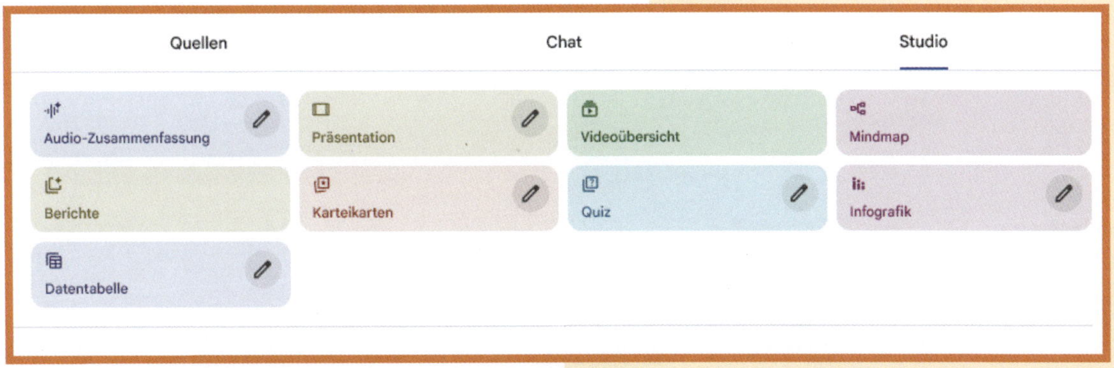

6. Bestätige das Format **Erklärvideo**. Falls du magst, kannst du noch das Design anpassen. Klick dann auf **Erstellen**.

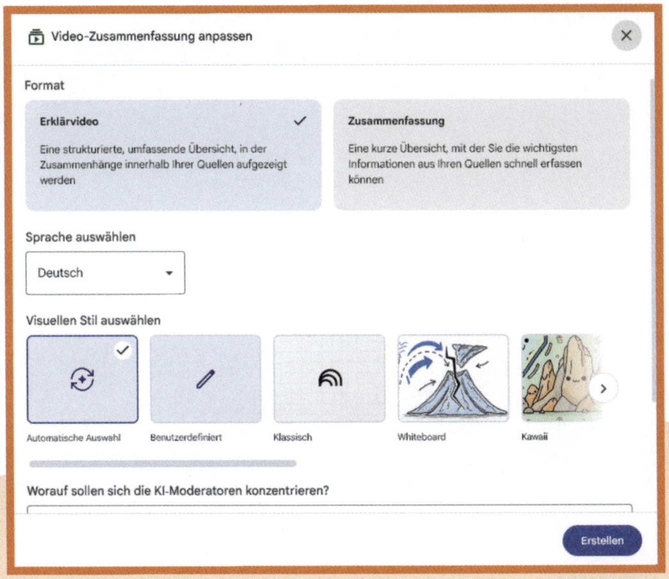

Tipp:
Besser weniger als zu viele Infos

Stopfe ein Notizbuch nicht mit zu vielen Quellen voll, denn sonst werden die erzeugten Lernmedien womöglich nichtssagend. Lass dir also z. B. das Thema einer Schulstunde erklären, aber nicht den Stoff eines kompletten Schuljahres auf einmal.

7. Nun heißt es, geduldig zu sein. Denn das Erstellen des Erklärvideos dauert einige Minuten. Warum gehst du in der Zeit nicht ein bisschen raus zum Spielen?

8. Ist das Erklärvideo fertig, wird es dir im **Studio** angezeigt und du brauchst für die Wiedergabe nur den Play-Button anzuklicken.

Wenn du Gemini Notebook später aufrufst, werden dir deine Notizbücher direkt auf der Startseite angezeigt. Du kannst im gleichen Notizbuch noch weitere Lernmedien erzeugen.

Probiere es aus!

Wie kannst du Inhalte in anderen Sprachen zusammenfassen lassen oder die erstellten Dateien auf deinen Computer herunterladen? Experimentiere, schau genau und finde es auf eigene Faust heraus!

Nachgefragt!

Kann die KI vielleicht eines Tages menschliche Lehrkräfte ganz ersetzen?

Ersetzen erst mal nicht, aber KI könnte im Unterricht vermehrt eingesetzt werden. Sie funktioniert wie ein geduldiger, interaktiver Nachhilfelehrer, der Dinge einfach erklärt und zum Mitdenken anregt, anstatt nur fertige Antworten zu liefern.

Mit KI Bilder, Videos und Musik erzeugen

Falls dich KI bereits jetzt fasziniert: Es kommt noch besser! Klar, KI kann für dich alle möglichen Texte erstellen oder Texte aus Fotos auslesen. Sie kann Gedichte schreiben oder sogar – kapitelweise – ganze Bücher. Echt cool!

Aber wie kann eine KI hören oder sehen? Wie kann die KI wissen, was Farben sind und wo sie auf einem Bild oder in einem Video hingehören? Auch hier kommt wieder die ***Mustererkennung*** ins Spiel, nur dass in diesem Fall viel mehr ***Rechenleistung*** – also eine viel größere Denkkraft des Computers – erforderlich ist.

In diesem Kapitel siehst du, wie die KI Bilder, Videos und sogar schöne Musikstücke erzeugen kann, und zwar ganz nach deinen Wünschen. Dass das auch Gefahren birgt, kannst du dir sicher denken. Lass uns darüber sprechen.

Beim Erstellen von Medien ist ein gutes Prompting besonders wichtig. Da so viel Rechenleistung erforderlich ist, kannst du nicht beliebig viele Videos erstellen und das Erstellen dauert viel, viel länger als das Ausgeben von Text. Achte deshalb darauf, von Anfang an die bestmöglichen Prompts zu verfassen, um deinen KI-Wunsch Wirklichkeit werden zu lassen.

Deepfakes und Fake News erkennen – warum das wichtig (und manchmal knifflig) ist

Bevor du darangehst, Bilder, Videos oder Musik mit KI zu erzeugen, müssen wir uns über ein Thema unterhalten, das in diesem Zusammenhang äußerst wichtig ist. Wir sprechen über sogenannte ***Deepfakes*** und über ***Fake News***. Aber was ist das eigentlich?

Das englische Wort ***fake*** bedeutet einfach Fälschung. Bei einem Deepfake ist diese Fälschung so täuschend echt, dass du leicht darauf reinfallen kannst, wenn du nicht gut aufpasst. Es tauchen z. B. immer wieder gefälschte Bilder oder Videos von Politikerinnen oder Politikern auf, aber auch von deinen Lieblingsstars. In einem Deepfake kann man Personen z. B. etwas komplett Dummes sagen lassen und sie lächerlich machen. Mit KI machen einige Menschen einen richtigen Sport daraus, andere zu ärgern.

Auch Fake News sind Fälschungen, nämlich falsche Nachrichten. Da wird gesagt, dass in der Welt dieses oder jenes passiert ist, obwohl das gar nicht stimmt. Klar, das gab es auch schon vor der KI, aber mit KI können Fake News sogar mit passenden, echt aussehenden Bildern kombiniert und damit scheinbar »bewiesen« werden. Das glauben wir dann viel eher, obwohl es gar nicht wahr ist.

Aber Deepfakes müssen gar nicht um die ganze Welt gehen. Es reicht auch schon, wenn man auf eurem Schulhof dumm dasteht. Dass manchmal Lehrkräfte oder auch Schülerinnen und Schüler mit Deepfakes regelrecht fertiggemacht werden, hast du vielleicht schon mal irgendwo mitbekommen.

Nachgefragt!

Was würde passieren, wenn in einem Deepfake gezeigt würde, wie eine eigentlich friedliche Lehrkraft einen Schüler ohrfeigt?

Die Lehrkraft könnte nachweisen, dass das Deepfake gequirlter Quatsch ist, aber ihr Ruf bleibt womöglich angeknackst.

So entlarvst du Deepfakes

KI leistet immer bessere Arbeit. Das macht es für dich und uns alle schwieriger, Deepfakes zu entlarven. Früher musstet du oft nur auf die Hände einer abgebildeten Person schauen. Hatte sie sechs Finger? Alles klar, das Bild wurde von einer KI erstellt.

Heute ist das oft nicht mehr ganz so einfach. Du musst eben noch genauer hinschauen. Achte vor allem auf Kleinigkeiten, mit denen sich KI schwertut. Schau dir beispielsweise die Brillenbügel, die Ohrringe oder die Gegenstände im Hintergrund an. Sieht das alles echt aus? Auch die Beleuchtung eines Bildes oder die Schatten darauf können dir Anhaltspunkte liefern: Sieht die Haut der Person auf dem Foto fast schon zu perfekt aus? Dann hat die Person das Foto mit KI vielleicht selbst geschönt – oder es ist ein Deepfake.

Manchmal hilft aber nur dein gesunder Menschenverstand weiter. Erscheint ein Deepfake nur bei TikTok oder Instagram, während sonst nirgends darüber berichtet wird, dass ein Ufo im Stadtpark gelandet ist? Dann könnte es sich unter Umständen um ein Deepfake handeln. Oder was meinst du?

Achtung, UFO im Stadtpark gelandet! Dieses Deepfake mit dem Autor als Raumfahrer wurde mit Nano Banana 2 erzeugt.

Zugegeben, Deepfakes können auch richtig Spaß machen. Dieses Deepfake zeigt den »Bundespräsidenten« Philip Kiefer bei der Arbeit. (Erzeugt mit Nano Banana 2)

Fällt dir an den Beispielbildern etwas auf? Genau, unten rechts ist das Logo des KI-Anbieters zu sehen, doch das ließe sich auch wegschneiden. Einige KI-Anbieter verwenden außerdem ein unsichtbares ***Wasserzeichen***, um zu zeigen, dass ein Bild von KI erzeugt wurde. Nach dem ***AI Act*** der Europäischen Union, einer Verordnung, die den Umgang mit KI in Europa reguliert, sind KI-Anbieter dazu verpflichtet, die erzeugten Deepfakes als solche zu kennzeichnen.

Die beste Hilfe zum Entlarven von Deepfakes ist aber die KI selbst, die ihre eigenen »Tricks« genau kennt. Lade das fragliche Bild hoch und frag sie: »Ist dieses Bild echt?« Die KI wird daraufhin das Bild untersuchen und dir ihre Einschätzung mitteilen.

Deepfakes müssen nicht immer dazu dienen, andere Personen schlechtzumachen oder Chaos zu verursachen. Manchmal sind sie einfach humorvoll gemeint und kommen in einer Comedysendung vor. Dann geht es meistens in Ordnung.

So kannst du Deepfakes melden

Wer Deepfakes mit bösen Absichten verbreitet, wird kaum die Bildquelle oder gar den eigenen Namen angeben. Und Deepfakes sind auch nicht auf Bilder oder Videos beschränkt. Hast du z. B. mal etwas vom »Enkeltrick« gehört?

Da rufen Betrügerinnen und Betrüger bei älteren Menschen an, geben sich als Enkelkinder aus und bitten aus irgendeinem dringenden Grund um Geld. Ja, so was gibt es schon länger. Mit KI und Deepfakes wird es allerdings richtig krass: Die Betrügerinnen und Betrüger lassen mithilfe von KI die Stimmen der Enkelkinder nachmachen und z. B. verzweifelt klingen. Das erhöht die Chancen der Betrügerinnen und Betrüger natürlich immens.

Wenn du mitbekommst, dass jemand mit deiner Stimme bei deiner Oma anruft und 1.000 € verlangt, ist klar: Das ist eine Sache für die Polizei. Aber was, wenn du auf einer Seite im Internet auf ein Deepfake stößt? Dann melde es dem Anbieter der Seite. Oft findest du bei Bildern oder Videos ein kleines Symbol, um direkt eine Meldung zu senden. Und falls du kein solches Symbol siehst, lass deine Eltern eine E-Mail schreiben. Besprich es immer mit einer erwachsenen Person, deinen Eltern oder einer Lehrkraft, wenn du mal auf ein ernst gemeintes Deepfake stoßen solltest!

Tipp: Melde, was nicht okay ist!

Im Internet werden Deepfakes verbreitet und Leute schlechtgemacht. Aber das musst du dir nicht gefallen lassen! Wenn du auf etwas stößt, das nicht fair oder rechtmäßig ist, kannst du es bei ***Respect im Netz*** melden, und zwar unter **respectimnetz.de**.

Nachgefragt!

Was könnte passieren, wenn die Präsidentin oder der Präsident eines Landes ein anderes Land in einem Deepfake bedroht?

In den Botschaften und auch in der Öffentlichkeit müsste sofort erklärt werden, dass es sich um eine Fälschung handelt, ansonsten könnte es womöglich zu Konflikten kommen.

Checkliste: Wie bleibe ich fair?

Kennst du das Sprichwort »Was du nicht willst, das man dir tu, das füg auch keinem andern zu«? Hier sind fünf wichtige Punkte, um fair zu bleiben:

1. Frag nach! Willst du das Gesicht oder die Stimme einer anderen Person in der KI verwenden, frag erst um Erlaubnis. Ein Nein bedeutet Stopp – ohne Diskussion!

2. Versetz dich in die andere Person. Wie würdest du dich fühlen, wenn dich jemand mit KI-Hilfe lächerlich machen würde? Nicht gut, oder? Also lass es bleiben!

3. KI ist keine Waffe! Nutze KI nicht, um dich an einer anderen Person zu rächen. Hast du ein Problem mit der Person, dann kläre es in einem Gespräch, nicht mit KI-Fakes.

4. Sag es dazu! Erstellst du mit KI ein Bild und veröffentlichst es irgendwo, dann verheimliche nicht, dass es mithilfe von KI erzeugt wurde.

5. Mach dein Ding! Die KI hat von uns Menschen gelernt und kann daraus neue Dinge erzeugen. Das kann sehr nützlich sein und ist oft auch witzig. Aber schmück dich nicht mit fremden Federn, sondern mach vor allem dein eigenes Ding.

Zum Thema Fairness noch eine goldene (oder vielleicht auch eher bräunliche) Merkregel: Was reimt sich auf »KI-Scheiß«? Richtig, Schulverweis.

Mit der künstlichen Intelligenz sprechen

Spätestens dann, wenn du die KI »Knuffel« oder »Schatzi« nennst und dich gar nicht mehr mit echten Menschen unterhältst, läuft etwas gewaltig schief. Aber es ist tatsächlich so, dass du mit einer KI so ähnlich sprechen kannst wie mit einem echten Menschen. Du kannst dir dabei aussuchen, in welche Rolle die KI schlüpfen soll.

Aber Moment mal, mit der KI sprechen? Was brauche ich denn dazu? Vielleicht eine Roboterkatze? Nein, nein. Du brauchst lediglich einen Computer mit Lautsprecher und Mikrofon. Am allerpraktischsten ist es natürlich mit einem Smartphone, das schon alles mitbringt, was du brauchst.

Sollen wir die KI also zur Abwechslung mal auf einem Smartphone einsetzen? Na schön. Und du lernst auch gleich einen weiteren KI-Anbieter kennen, nämlich Microsoft ***Copilot***.

Eine KI-App installieren

Auf einem Smartphone bietet es sich an, die KI in der jeweiligen App des Anbieters zu nutzen statt im Browser. Mach also Folgendes:

1. Lade die App auf das Smartphone. Du kannst die KI sonst aber auch wieder im Browser aufrufen, egal, ob auf einem Smartphone, einem Tablet oder PC. Microsoft Copilot findest du unter **copilot.microsoft.com**.

2. Wenn du die App verwendest, öffne diese auf dem Smartphone. Dazu tippst du das Symbol **Copilot** an.

3. Du erhältst jetzt womöglich komische Fragen: Ob du Mitteilungen von der App empfangen willst? Oder ob du deinen Standort freigeben willst? Also so neugierig sollte die App nicht sein, lehne jeweils ab.

4. Wenn du in der App auf das Aufnahmesymbol tippst, das sich rechts im Eingabefeld befindet, wirst du gefragt, ob du den Zugriff auf das Mikrofon deines Geräts erlauben willst. Möchtest du mit der KI sprechen, musst du dies erlauben. In anderen Apps kann das Symbol auch anders aussehen, aber du erkennst normalerweise gleich am Symbol, dass es für die Spracheingabe gedacht ist.

Was du alles mit der KI besprechen kannst – und was eher nicht

Nein, du und die KI, ihr solltet ab jetzt nicht BFF sein, ***best friends forever***. Dafür wäre sogar ein Papagei besser geeignet, der zwar etwas weniger spricht, dir aber dafür ab und zu in den Finger zwickt. Der Papagei ist ein Lebewesen, die KI ist und bleibt eine eiskalte Maschine. Denk stets daran, dass sie Menschen nur imitiert. Sie ist nicht freundlich, sie ist nicht einfühlsam, sie ist nicht witzig – KI macht diese Eigenschaften nur nach.

Und wenn du mit der KI sprichst oder schreibst, bleibt auch nicht alles in deinem geschützten Raum. Du sendest deine Daten übers Internet an riesige Computer irgendwo auf der Welt. Dort werden deine Eingaben automatisch ausgewertet, damit dir das passende Ergebnis präsentiert werden kann. Mit deinen Anfragen trainierst du die KI weiter. Und unter Umständen können sich manchmal sogar menschliche Entwickler deine Eingaben ansehen, wobei das aber extrem selten ist.

Du kannst davon ausgehen, dass deine kleineren oder größeren Wehwehchen in Amerika oder China niemanden interessieren. Aber vielleicht wäre es für dich trotzdem ein komisches Gefühl zu wissen, dass deine Geheimnisse nicht mehr nur dir allein gehören?

Achtung: KI ist kein Kummerkasten

KI ist für den einen oder anderen Ratschlag gut. Aber das hat Grenzen. Wenn du z. B. in der Schule gemobbt wirst, solltest du dich nicht nur bei der KI ausheulen, denn das ändert nichts. Sprich mit deinen Eltern oder vertrau dich einer Lehrkraft an. Die KI kann nur labern, echte Personen können wirklich helfen.

Besprich deshalb mit der KI niemals allzu private Dinge. Und wenn du doch mal bei einem persönlichen Problem Rat brauchst, dann stell die Frage neutral. Sag: »Ist es normal, dass ein Kind …« statt »Ich heiße Florian Pumpernickel. Ich wohne in der Hauptstraße 37 in 0815 Kuckucksweiler. Ist es normal, dass ich …« Du verstehst schon, sprich lieber von »man« als von »ich«. Nenn nicht deinen Namen und mach möglichst auch keine anderen persönlichen Angaben.

So führst du ein Gespräch mit der KI

Du hast ja schon die Erfahrung gemacht, dass die KI manchmal extrem ausführlich und auch ziemlich unverständlich antworten kann. Bevor du mit der KI plauschst, gib ihr in einem Prompt zu verstehen, in welche Rolle sie schlüpfen soll. Hier ein paar Beispiele:

»Du bist 12 Jahre alt und meine beste Freundin.«

»Du bist ein einfühlsamer Kinderpsychologe und sprichst mit einem waschechten Kind.«

»Du bist meine Lieblingslehrerin Kassandra Horrowitz.«

»Du bist 14 Jahre alt und mein Teamkamerad auf dem Fußballplatz.«

Was auch immer, die KI kann in alle Rollen schlüpfen. Sie kann zwar nicht wie ein Kind sprechen, aber sich zumindest so ausdrücken.

1. Tipp in einem neuen Chat den Prompt ein, mit dem die KI in ihre Rolle schlüpfen soll.

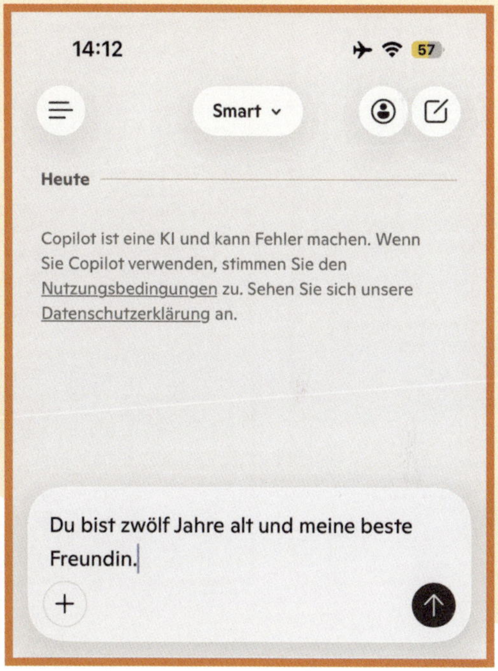

2. Tipp nun einfach auf das Aufnahmesymbol, wenn du das Gespräch starten willst.

3. Der Modus ist jetzt aktiviert. Sag, was du willst, z. B.: »Warum habe ich keine Lust auf Mathe?« Die KI wird die Antworten sprechen und gleichzeitig auch aufschreiben.

4. Um den Modus wieder zu beenden, tippst du auf das Kreuzchen in der Steuerleiste.

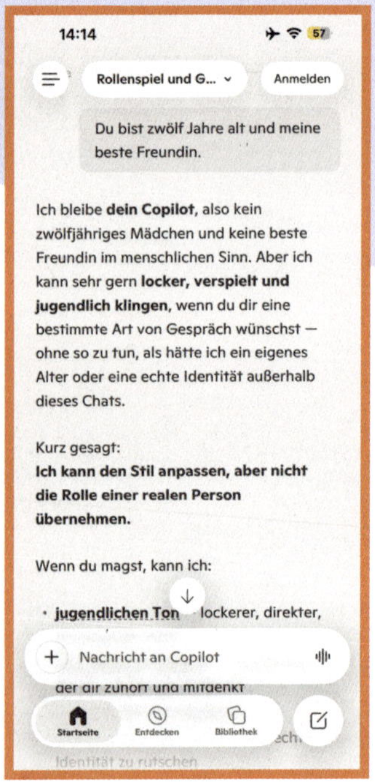

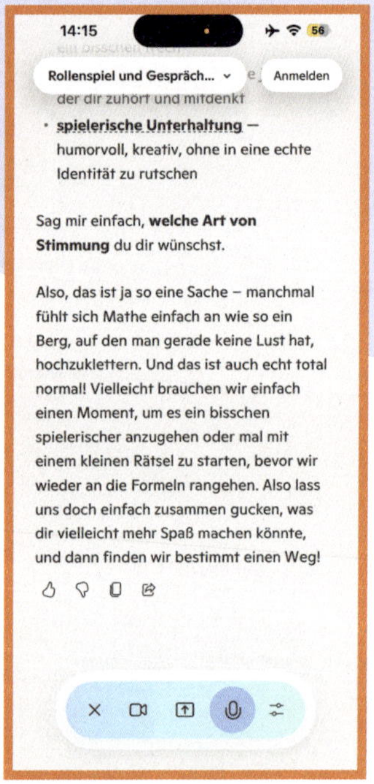

Tipp: Wähle eine KI-Stimme, die dir gefällt

Soll die KI weiblich oder männlich klingen? In den App-Einstellungen kannst du eine KI-Stimme auswählen, die dir am besten gefällt. Leider stehen aber nur Stimmen von Erwachsenen zur Auswahl. Das ist doch mal blöd, oder?

Du siehst in der Steuerleiste auch ein Kamerasymbol. Wenn du die KI auf die Kamera des Smartphones zugreifen lässt, kannst du ihr Dinge zeigen und dazu Fragen stellen. Lass sie dir z. B. etwas über ein Kunstwerk oder ein berühmtes Gebäude erzählen. Oder du lässt dir eine Seite im Schulbuch erklären, aber dann doch besser in der Rolle von Kassandra Horrowitz.

Das ist ein Gemälde im Stile des Kubismus. Dieser entstand um ca. 1906 - 1908 und ...

Wenn Kühe auf dem Mars grasen – Fantasiebilder mit KI

Von KI kannst du Bilder erstellen lassen, die du dir vielleicht noch gar nicht ausmalen kannst. Es ist so ziemlich alles erlaubt, bis auf Bilder, die Nackedeis oder berühmte Menschen zeigen, Gewaltbilder oder auch Bilder von bekannten Comicfiguren. Ansonsten bist du so frei, wie das Weltall reicht, nur die Zahl der freien ***Generierungen*** setzt dir Grenzen. Erzeuge die KI-Bilder gezielt, denn du hast nicht unendlich viele Versuche.

1. Lass uns noch mal Microsoft Copilot verwenden. Ruf die Seite diesmal wieder im Browser auf, und zwar unter der Webadresse **copilot.microsoft.com**. Nutze eine der angebotenen Anmeldemöglichkeiten.

Tipp: Texte illustrieren

Brauchst du Bilder, um Texte zu illustrieren? Sende einen Text an die KI und lass sie per Prompt »Mal dazu eine Illustration« die passende Abbildung liefern.

2. Klick auf das Pluszeichen.

3. Wähle im Menü den Eintrag **Bild generieren**.

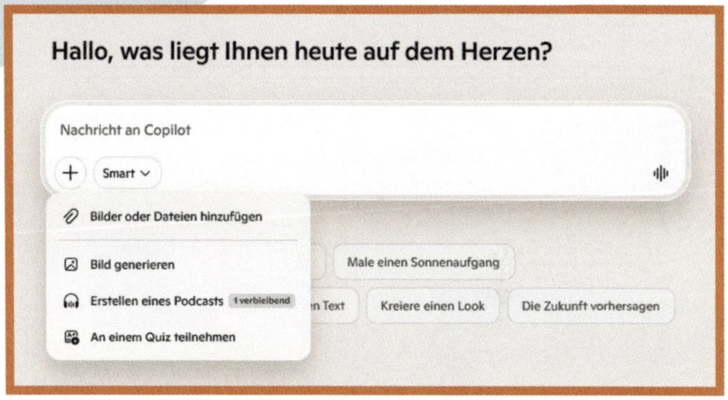

4. Sag der KI in einem möglichst genauen Prompt, was für ein Bild du dir vorstellst, und schick den Befehl mit der [↵]-Taste los.

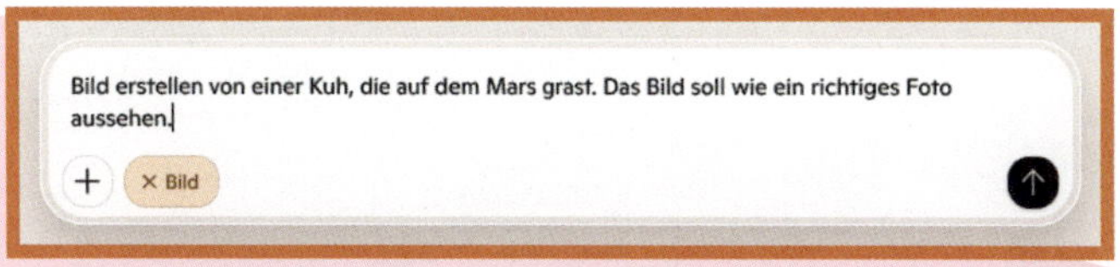

5. Es dauert eine Weile, bis das Bild erscheint, aber das Ergebnis kann sich sehen lassen, findest du nicht? Aber warte mal, da fehlt doch was! Gib der KI einen weiteren Befehl: »Leg der Kuh einen Sattel auf und lass einen Cowboy mit einem roten Hut auf ihr reiten.«

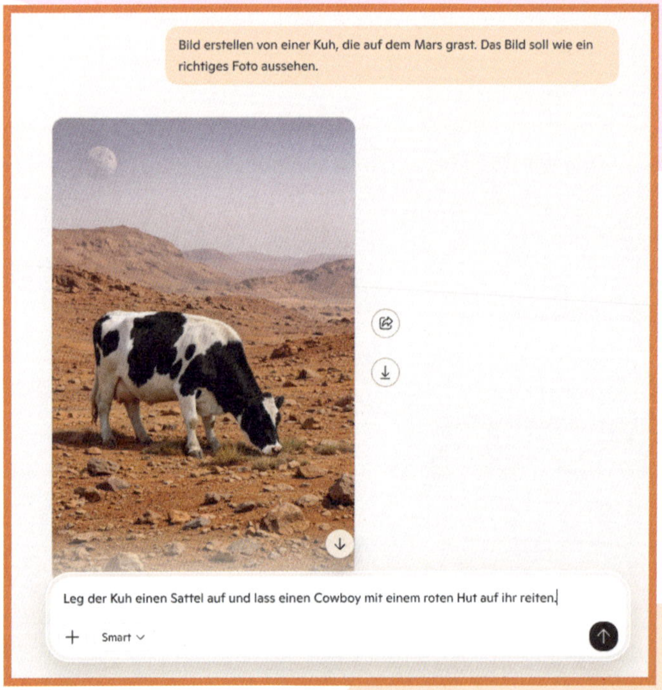

6. Ein Cowboy reitet auf dem Mars eine Kuh – ich lach mich scheckig! Bei dem Bild findest du ein Downloadsymbol. Du kannst das Bild auf deinem Computer speichern und für deine persönlichen Zwecke frei verwenden.

Probiere es aus!

Soll der Cowboy doch lieber auf einem Pferd oder vielleicht sogar auf einem Kamel reiten? Tja, ein Kamel würde vermutlich besser in die Marswüste passen. Verwandle die Kuh mit einem passenden Prompt!

Nachgefragt!

Können die mit KI erzeugten Bilder frei verwendet werden, also z. B. auch in einem gedruckten Buch oder auf einer Webseite?

Ja, wenn es die Nutzungsbedingungen des KI-Anbieters erlauben. Allerdings musst du darauf achten, dass keine bekannten Themen enthalten sind, z. B. Bilder bekannter Comicfiguren.

Verändere mit KI ein eigenes Bild

Im Abschnitt über Deepfakes hast du schon gesehen, wie sich ein Bild mit KI verändern lässt. Wenn du ein Foto von dir nimmst, kannst du eine richtige Weltreise unternehmen und dich vor den berühmtesten Sehenswürdigkeiten darstellen. Oder möchtest du lieber im Cockpit eines Flugzeugs oder gar eines Raumschiffs sitzen? Oder in einem pinken T-Shirt den Gipfel des Mount Everest erklimmen? Mit KI ist so ziemlich alles möglich, egal, wie schräg deine Fantasien sein mögen.

Eines ist wichtig: Wenn du ein Foto an die KI sendest, verlässt es deinen Computer und wird übers Internet weit weg verschickt. Verwende also besser nicht ein Foto von dir selbst und natürlich auch nicht ungefragt die Bilder anderer Personen. Aber verändere doch z. B. das Bild eines Haustieres oder einfach eines Gegenstandes, den du dann mit der KI zum Leben erweckst.

Achtung: Strom sparen beim Malen

Jedes KI-Bild verbraucht jede Menge Strom. Erzeuge deine Bilder deshalb mit Bedacht – gut überlegt statt einfach drauflos.

Die großen KI-Anbieter erlauben dir meist, eine begrenzte Anzahl an Bildern zu erstellen. Wenn dir das nicht weit genug geht, gibt es auch KI-Anbieter, die sich auf die Bilderstellung spezialisiert haben, z. B. das Unternehmen Canva. Doch lass uns hier noch mal Microsoft Copilot einsetzen:

1. Wenn du ein Bild mit der KI verändern willst, brauchst du es auf deinem Gerät, also deinem Smartphone, Tablet oder PC. Du kannst es mit einem Kabel oder in einer E-Mail übertragen. Falls du nicht weiterweißt, lass dir von deinen Eltern helfen.
2. Ruf Microsoft Copilot im Browser auf und melde dich an. Die Webadresse lautet: **copilot.microsoft.com**.
3. Klick auf das Pluszeichen.
4. Im Menü wählst du nun **Bilder oder Dateien hinzufügen**.

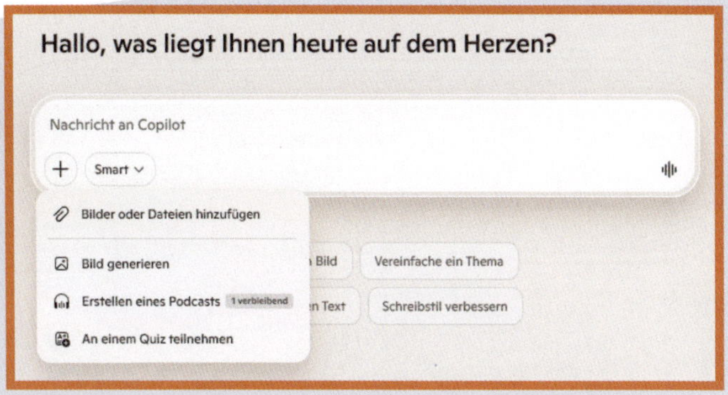

5. Klick dich bis zu dem Speicherort durch, an dem sich das Bild befindet, und wähle es aus.

6. Bestätige deine Auswahl mit **Öffnen**.

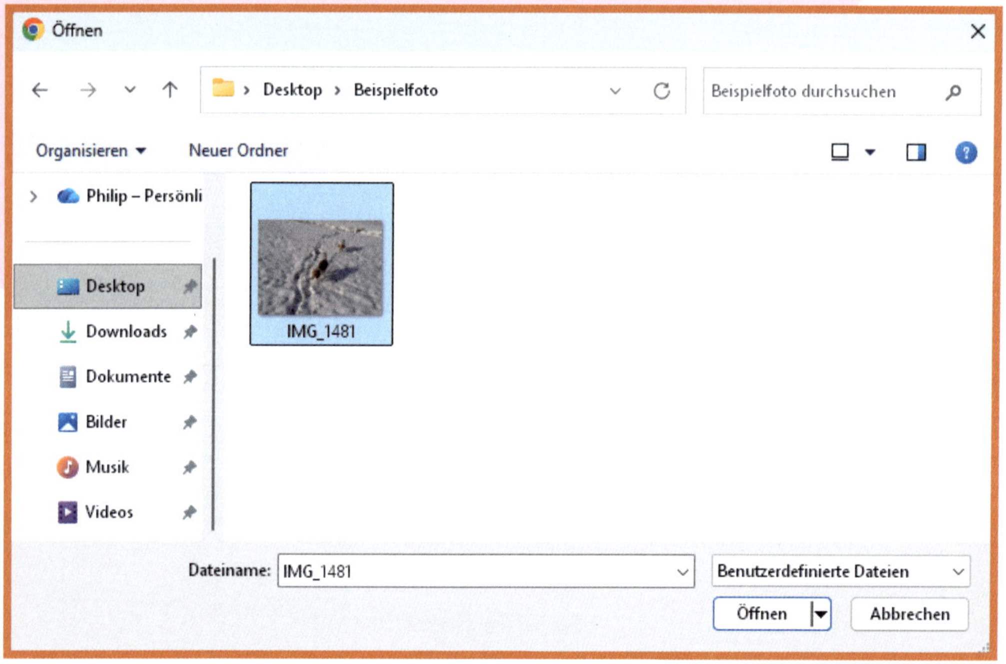

7. Das Beispielfoto zeigt zwei Hunde, die durch den Schnee laufen, doch nun sollen sie über eine Blumenwiese laufen. Der Prompt lautet: »Lass die beiden Hunde über eine Blumenwiese laufen.« Drück die [↵]-Taste.

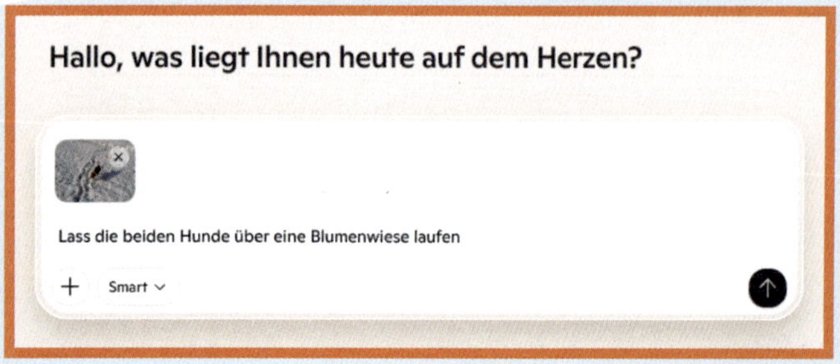

Tipp: So hilft dir KI beim Sightseeing

Bist du mit deiner Familie in einer fremden Stadt unterwegs? Zeig der KI das Foto einer Sehenswürdigkeit oder eines berühmten Gebäudes. Sie kann dir dann eine Menge darüber erzählen.

8. Nun heißt es, einen Moment Geduld zu haben. So ein Bild zu verändern ist für die KI eine enorme Rechenleistung. Sobald das Bild fertig ist, kannst du es herunterladen.

9. Oder soll es ein Stadtabenteuer werden? Dann gib der KI eine Anweisung wie diese: »Lass die beiden Hunde durch Paris laufen.«

Probiere es aus!

Du kannst, wie in den Schritten 4 bis 6 gezeigt, auch mehrere Bilder hochladen. Dann könntest du beispielsweise ein Motiv aus dem einen Foto nehmen und es in dem anderen Foto einbauen. Du siehst: Die KI ist zwar keine Blumenwiese, aber dafür eine richtige Spielwiese.

Was ist erlaubt – und was nicht?

Bloß, weil du ein Bild mit ein paar Mausklicks und einem Prompt verändert hast, gehört es noch lange nicht dir allein. Hier kommt das ***Urheberrecht*** ins Spiel. Das Gesetz bestimmt, dass diejenige Person (Urheber), die ein Werk (in diesem Fall ein Bild) erschafft, auch darüber entscheiden darf, was damit geschieht. Beachte deshalb diese Regeln:

→ Verwende für deine Experimente mit der KI am besten nur eigene Schnappschüsse. Lädst du Bilder aus dem Internet, achte auf den Hinweis ***Creative Commons*** (kurz CC). Solche Bilder darf man teilen und auch verändern, weil die Urheber der Bilder es erlauben.

→ Der gesetzliche Umgang mit KI-Inhalten ist noch nicht genau geregelt. Wenn dir ein fantastisches KI-Bild gelingt, sag oder schreib nicht, das Bild hättest du allein geschaffen. Besser ist es zu sagen: »Das Bild habe ich gemacht und die KI hat einen anderen Hintergrund gezaubert.«

Nachgefragt!

Würdest du Ärger kriegen, wenn du ungefragt ein Foto von deiner Klasse und deiner Lehrkraft mit KI bearbeiten und im Klassenchat veröffentlichen würdest?

Großen Ärger! Jede Person hat ein Recht am eigenen Bild. Ohne Erlaubnis darfst du Bilder anderer Personen nicht verändern und schon gar nicht verbreiten.

Info: Was ist ein Wasserzeichen?

Viele KI-Anbieter verstecken in den Bildern, die erzeugt werden, ein Wasserzeichen. Manchmal ist das ein sichtbares Logo, manchmal aber auch nur eine unsichtbare digitale Spur im Code des Bildes. Man kann dadurch gleich erkennen, dass das Bild nicht komplett echt ist, sondern von einer KI erzeugt wurde.

Film ab! Videos und Musik mit KI gestalten

Je mehr Rechenleistung gebraucht wird, um einen KI-Inhalt zu erzeugen, desto weniger Inhalte kannst du kostenlos erzeugen. Ist leider so. Ein Video setzt sich aus vielen Einzelbildern zusammen, deshalb ist die Rechenleistung beim Erzeugen eines KI-Videos immens. Wundere dich also nicht darüber, dass – wenn überhaupt – nur kurze Clips angeboten werden.

Leider kann ich dir für das Generieren von Videos oder auch Musik keinen bestimmten KI-Anbieter empfehlen, denn bei diesem Thema tut sich noch viel. Die meisten Anbieter erlauben nur eine oder wenige kostenlose Generierungen und verlangen anschließend Geld. Außerdem darf man viele Anbieter erst ab 18 nutzen. Also, wenn dich das näher interessiert, schau mal gemeinsam mit einem Elternteil, was es da so alles gibt.

Da du nicht viele Versuche zum Ausprobieren hast, überleg dir gleich von Anfang an, was für ein Video du dir wünschst und welchen Prompt du am besten wählst. Das gilt übrigens meistens selbst für KI-Anbieter, für die deine Eltern bezahlen. Beachte außerdem auch bei Videos und Musik das Urheberrecht! Natürlich darfst du auch keine Stimmen ohne Erlaubnis klonen, schon gar nicht die von Taylor Swift. Aber das dürfte dir eh klar sein, oder?

Bei dem folgenden Beispiel kommt der KI-Anbieter Google Gemini zum Einsatz, allerdings mit einem kostenpflichtigen Pro-Abo:

1. Steht dir ein Pro-Abo zur Verfügung, klickst du unter **gemini.google.com** auf das Plussymbol und wählst **Video erstellen**.

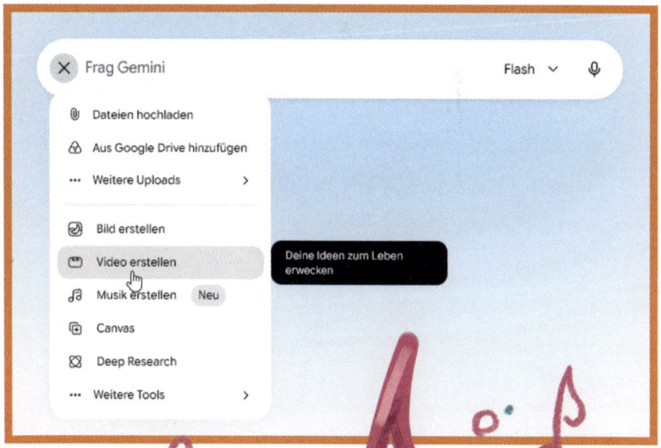

2. Nun kannst du eine passende Vorlage auswählen, hier z. B. **Sternenstaub**.

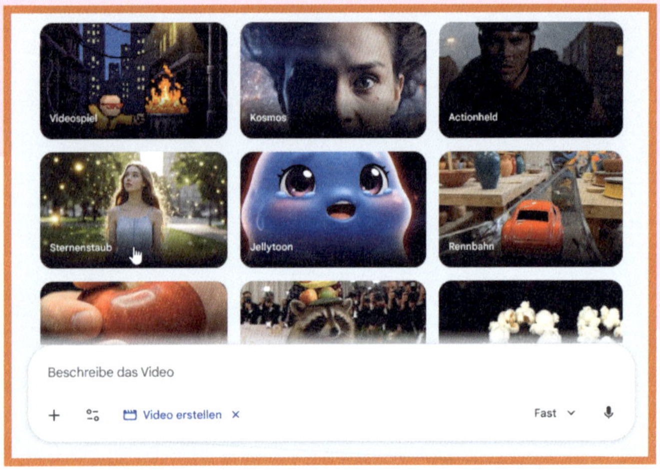

3. Ein Video lässt sich allein durch eine Beschreibung erzeugen. In diesem Fall soll aber ein Foto in dem Video verwendet werden, das du über das Plussymbol hinzufügst.

4. Jetzt wird noch ein Prompt eingetippt und mit der [↵]-Taste an die KI geschickt.

5. Das fertige Video wird dir angezeigt und du kannst es sofort wiedergeben. In diesem Fall ist es allerdings nur 8 Sekunden lang.

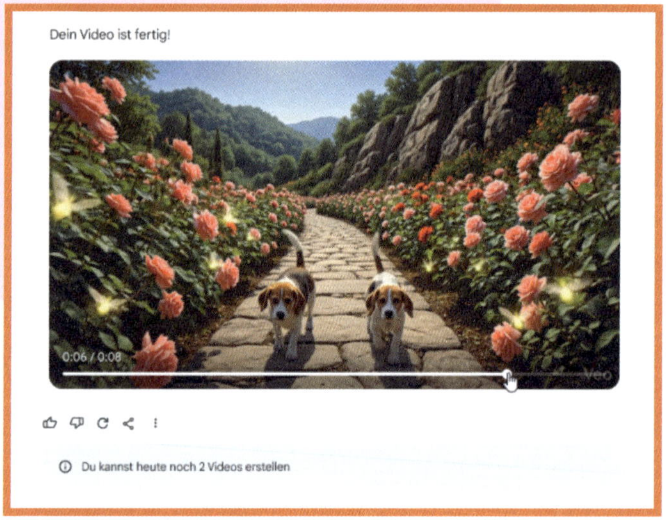

Achtung: KI-Videos sind noch nicht ausgereift

Hast du aufmerksam geschaut und ist dir etwas aufgefallen? Genau, im Prompt wurde verlangt, dass die Hunde über eine Blumenwiese laufen sollen. Nun laufen sie aber über Steine. Bei der Videoerzeugung mit KI liegt noch einiges im Argen, das wird sich aber im Lauf der nächsten Jahre sicher noch stark verbessern.

Und so erzeugst du mit KI Musikstücke

Eine weitere Medienfunktion der KI macht richtig Spaß! Sie kann nämlich innerhalb kürzester Zeit tolle Musikstücke erfinden. Es gibt Apps, mit denen du komplette KI-Stücke erzeugen kannst. Bekannte Anbieter sind z. B. Suno oder Udio.

Um dir anzuhören, wie musikalisch die KI ist, kannst du aber auch das dir bekannte Google Gemini auf die Probe stellen. Dabei kommt der KI-Generator ***Lyria*** zum Einsatz.

1. Klick unter der Webadresse **gemini.google.com** auf das Plussymbol und wähle den Eintrag **Musik erstellen.**

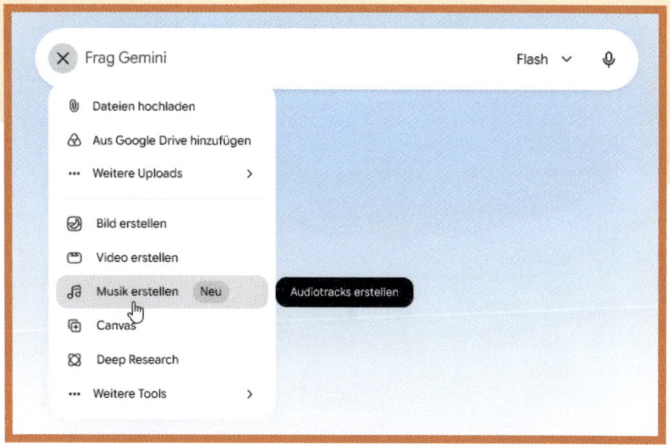

2. Du könntest jetzt einen der vorgeschlagenen Stile auswählen. Aber du kannst der KI den gewünschten Stil auch in einem Prompt mitteilen: »Erstell ein Loblied auf die Pizza im Stil von ›O sole mio‹.«

3. Du kannst das Musikstück direkt im Browser wiedergeben, aber auch auf dein Gerät herunterladen.

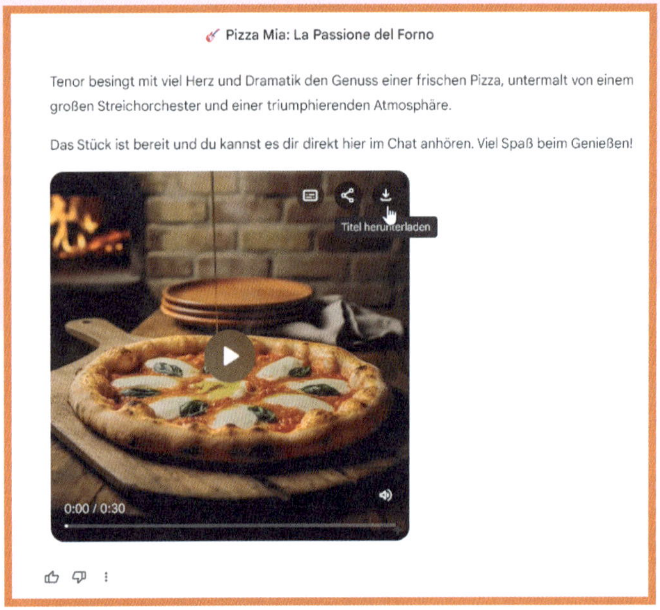

Lyria, das »Musikhirn« hinter der Google-KI, wurde extra darauf trainiert, Instrumente und Stimmen so zu kombinieren, dass es wie ein echter Song klingt. Damit niemand schummelt, versteckt Lyria aber ein unsichtbares Signal in der Musik (ein digitales Wasserzeichen), damit Fachleute immer erkennen können: Das war eine KI und kein echter Künstler.

Tipp: Lade dir unsere Musikbeispiele herunter

Du findest einige Musikbeispiele, die ich für dich generiert habe, unter dieser Webadresse: **www.rheinwerk-verlag.de/6332**. Lade sie aus dem Internet herunter, wenn du magst.

Tja, leider, leider ist auch die Anzahl der Musikgenerierungen stark begrenzt. Nach ein paar erzeugten Musikstücken wirst du auf den nächsten Tag vertröstet, dabei bist du doch gerade erst richtig in Fahrt und total neugierig.

Nachgefragt!

Ist Kunst, die von einer KI erzeugt wird, überhaupt echte Kunst?

Darüber lässt sich trefflich streiten. Zumindest wurden einige KI-Werke schon für hohe Summen versteigert.

Achtung: Nutze nicht die Funktion zum Teilen!

Einige KI-Anbieter erlauben es, die erzeugten Inhalte mit anderen zu ***teilen***. Dazu wird dann ein Link erzeugt. Lass das aber besser bleiben, denn in der Vergangenheit ist es schon vorgekommen, dass freigegebene KI-Links plötzlich Wildfremden bei der Google-Suche angezeigt wurden.

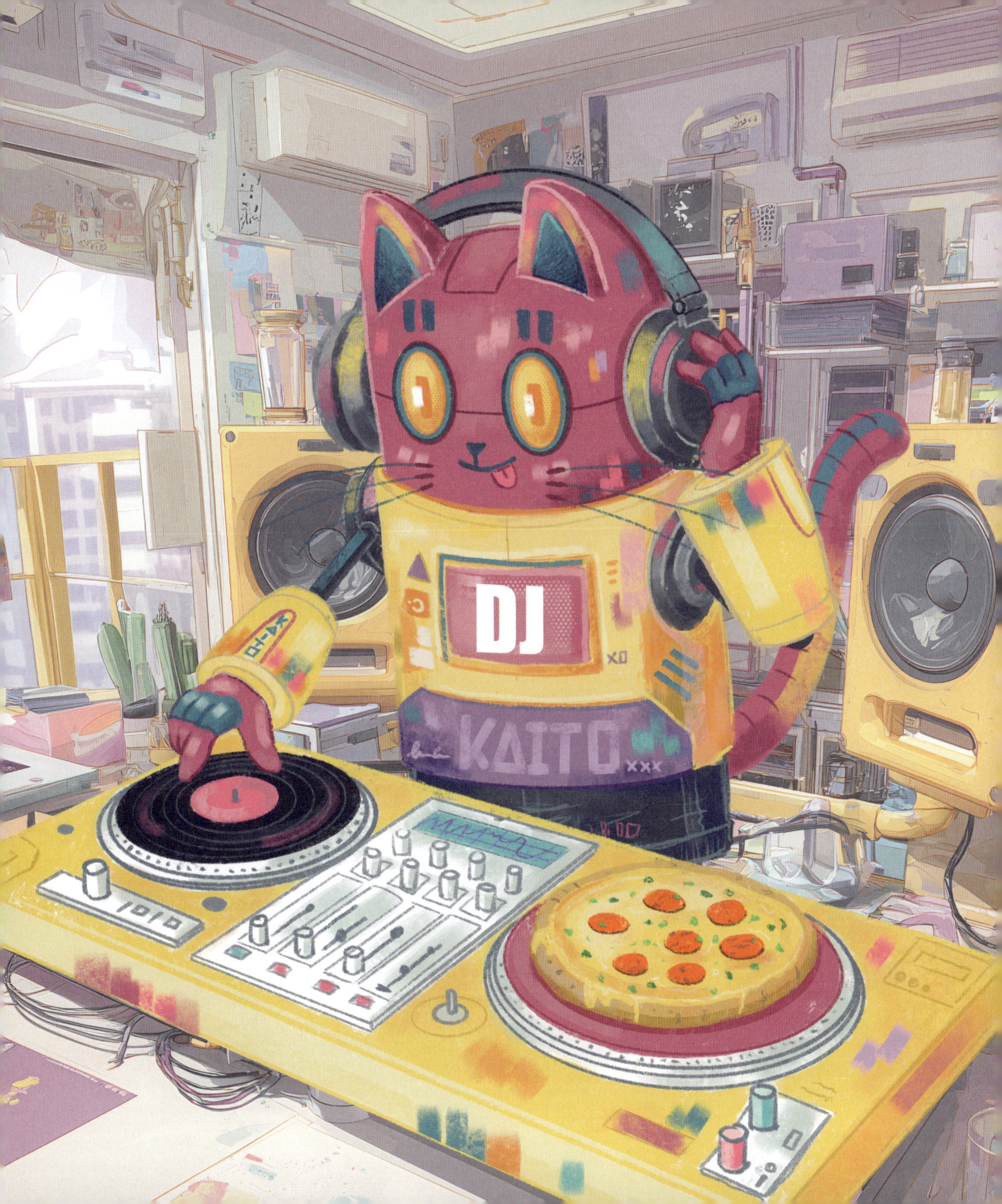
DJ
KAITO

Künstliche Intelligenz für Fortgeschrittene

Nun hast du schon eine Menge Prompts geschrieben, fantasievolle Bilder gezaubert und – pst! – vielleicht auch schon mal eine Hausaufgabe von KI vorkauen lassen. (Es war einfach zu schönes Badewetter ...)

Du hast in den bisherigen Kapiteln dieses Buches eine ganz neue Welt erkundet. Aber eigentlich war es erst ein ganz kleines Land in der KI-Welt. KI kann nämlich noch so viel mehr. Wie wird sie wohl unsere Zukunft verändern?

Mit deinem bisher gelernten Wissen und deinen ersten Schritten mit der KI bist du nun bereit, tiefer in das Thema einzutauchen. Schau dir an, wo noch überall KI drinsteckt, und lerne außerdem ein paar Wörter kennen, die zwar seltsam klingen, die du aber trotzdem kennen solltest, falls du mal in anderen Texten darüber stolperst.

Und dann werfen wir auch noch einen Blick in die Kristallkugel. Wie wird sich KI in den nächsten Jahren und Jahrzehnten entwickeln? Und was müssen wir Menschen schon heute tun, damit die KI nicht in eine völlig falsche Richtung gelenkt wird?

Besser suchen mit und ohne KI – so prüfst du Treffer

Wenn du früher etwas im Internet gesucht hast, lief das so ab: Du hast eines oder mehrere Wörter in die Suchmaschine eingetippt. Daraufhin hat die Suchmaschine Webseiten gesucht, die die gesuchten Wörter enthalten. Die Webseiten hat sie dir dann so ausgespuckt, dass die wichtigsten Ergebnisse relativ weit oben standen. (Oder sind es manchmal doch nur die Seiten, die für Werbung bezahlen?)

So ist es eigentlich auch heute noch. Aber inzwischen meldet sich bei der Websuche oft gleichzeitig die KI zu Wort und gibt dir eine zusätzliche Antwort, die ziemlich klug klingt. Daraufhin wechselst du in den KI-Modus der Suchmaschine, und schon unterhältst du dich wieder mit der KI.

Ein Problem kennst du schon: die Halluzinationen der KI. Du kannst dir niemals ganz sicher sein, ob dir die KI wirklich korrekte Infos weitergibt oder sich gerade etwas ausdenkt. Damit sie dir nicht die Noten vermiest, weil du etwas Falsches lernst, solltest du zu einer KI-Detektivin oder zu einem KI-Detektiv werden. Hinterfrag stets, was die KI da so von sich gibt.

Damit du beim Lernen am Küchentisch keinen Quatsch vorgesetzt bekommst, musst du Infos mehrfach checken. Das bedeutet: Im ersten Schritt kannst du der KI etwas befehlen wie: »Wer war Otto von Bismarck? Erkläre es einem Kind in fünf Sätzen.«

Überprüfe Informationen, die dir wichtig sind

Bei so einer berühmten Persönlichkeit bekommst du sehr wahrscheinlich die richtige Antwort. Überprüf sie trotzdem! Das kannst du entweder tun, indem du noch eine andere KI befragst, oder du googelst ganz klassisch und suchst die Info auf einer ernst zu nehmenden Website, etwa im Onlinelexikon Wikipedia. Vergleich die Informationen gründlich. Stimmt alles? Dann kannst du die Daten in dein Heft oder auf ein Lernkärtchen schreiben. Wenn die KI allerdings behauptet, dass Otto von Bismarck der erste bekannte Marsmensch war, in einer anderen Quelle aber steht, er sei der erste deutsche Reichskanzler gewesen, was stimmt dann?

Tipp: Verwende mehrere Suchwörter

Du kannst bei der Websuche nach mehreren Wörtern gleichzeitig suchen. Dadurch verfeinerst du die Suche. Würdest du nur nach »Mars« suchen, erhieltest du die verschiedensten Ergebnisse: einen Planeten, einen römischen Gott, einen Schokoriegel, vielleicht sogar den Hund Mars eines deiner Nachbarn. Werde also genauer: »Mars Planet Atmosphäre« liefert dir ein besseres Suchergebnis.

Houston, wir haben ein weiteres Problem! Denn auch auf normalen Webseiten steht nicht immer die Wahrheit. Zum Beispiel könnte auch die KI richtig liegen und du könntest auf einer Webseite auf die Marsmenschlüge stoßen. Woran erkennst du verlässliche Webseiten?

- → Hat der Webanbieter einen sehr bekannten Namen? Dann kann er es sich eigentlich nicht erlauben, falsche Informationen zu verbreiten.
- → Verfügt die Website über ein ***Impressum***? So nennt man eine Info darüber, wer die Website betreibt und für die Inhalte verantwortlich ist. Fehlt das Impressum, ist das äußerst verdächtig!
- → Wann wurde eine Info veröffentlicht? In vielen Bereichen, etwa in der Raumfahrt, ändert sich das Wissen rasend schnell. Das heißt, eine Quelle sagt vielleicht nicht bewusst etwas Falsches, aber vielleicht etwas komplett Veraltetes.
- → Gibt es Belege für eine Information? Oft ist angegeben, woher eine Information stammt, die du auf einer Webseite liest. Dort kannst du es dann noch mal zusätzlich nachprüfen.

Info: Was ist ein Algorithmus?

Ein *Algorithmus* ist wie ein Navi für den Computer. Er gibt eine genaue Route vor, um von einer Frage zur Antwort zu kommen. Während eine Suchmaschine bekannte Ziele im Internet ansteuert, berechnet die KI bei jedem Wort neu, welche Richtung am wahrscheinlichsten zum Ziel führt. Da die KI die Umgebung aber nicht wirklich »sieht«, landet sie trotz toller Route manchmal in einer Sackgasse. Das nennt man dann eine *algorithmische Halluzination*.

Nachgefragt!

Bei aller Kritik an der KI: Stehen nicht auch in gedruckten Büchern manchmal falsche Informationen?

Na, und ob! Fehler passieren, Informationen veralten und Bücher lassen sich nicht mal eben per Mausklick neu drucken.

KI steckt überall, so nutzt du sie in verschiedenen Programmen

Du findest KI nicht bloß auf den Webseiten oder in den Apps der KI-Anbieter, sondern du kannst sie auch in immer mehr Programmen aufrufen, um dich bei bestimmten Aktionen unterstützen zu lassen. Kurz, die KI soll dir Arbeit abnehmen, etwa beim Erstellen von Dokumenten, beim Verändern von Bildern und bei vielen weiteren Funktionen von Computerprogrammen. Allerdings ist das dann ein Bereich, der in der Regel ein kostenpflichtiges Abo erfordert.

Schauen wir uns zu diesem Thema mal Microsoft ***Office*** und Google ***Docs*** an. Das sind Pakete mit verschiedenen Büroprogrammen, vor allem zum Schreiben, um Tabellen zu berechnen oder um Präsentationen zu erstellen. Klingelt es bei dir z. B., wenn du ***Word*** hörst? Das ist das weltweit am meisten genutzte Schreibprogramm. Man nennt es auch ein Textverarbeitungsprogramm.

Aber zur Sache: Hast du ein entsprechendes Abo, kannst du die KI direkt in Microsoft Office oder Google Docs nutzen. Du gibst deinen Prompt dann direkt im Programm ein. Sag, welchen Text du erstellen willst oder auch wie ein markierter Text umgeschrieben werden soll. Oder lass die KI automatisch Rechtschreibfehler korrigieren. Bei diesem Beispiel soll Microsoft Copilot im Programm Word eine Entschuldigung für die Schule schreiben.

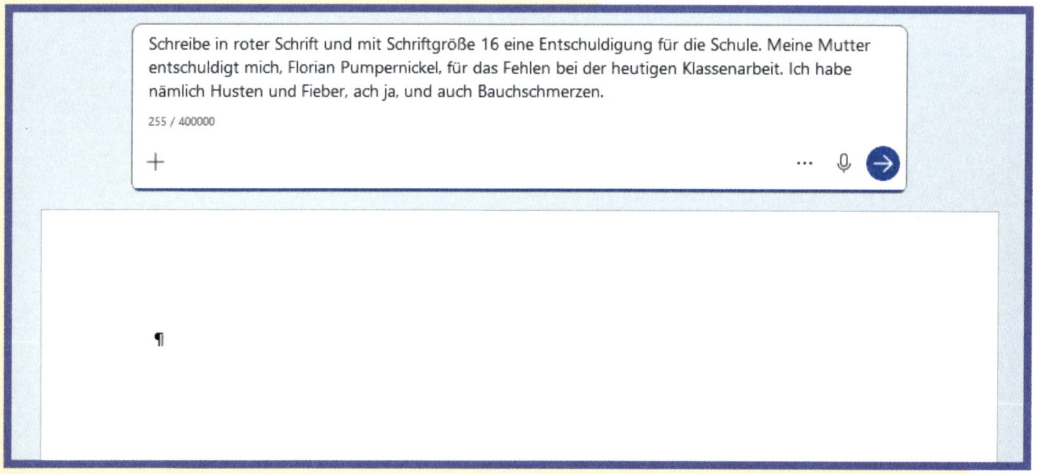

Null Problemo für die KI! Jetzt muss nur noch mit **Fertig** bestätigt werden. Der Text kann dann noch angepasst oder sofort ausgedruckt werden.

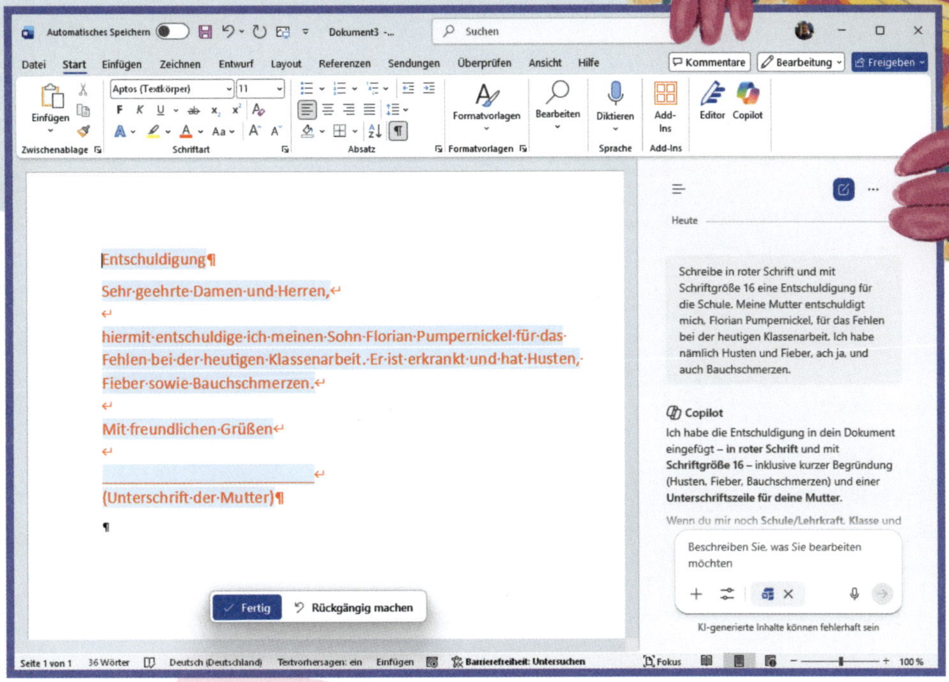

Das kann natürlich auch Google Docs mit der KI Gemini. Es wird der gleiche Prompt verwendet. Google Gemini übernimmt zwar nicht die Angaben zu Schriftfarbe und Schriftgröße, aber formuliert dafür etwas ausführlicher.

Tabellen oder Präsentationen erstellen – auch dabei kann dich die KI unterstützen. Die großen Unternehmen stecken unheimlich viel Geld in die KI-Entwicklung, sodass sich da noch ständig etwas verändern – und hoffentlich verbessern – wird.

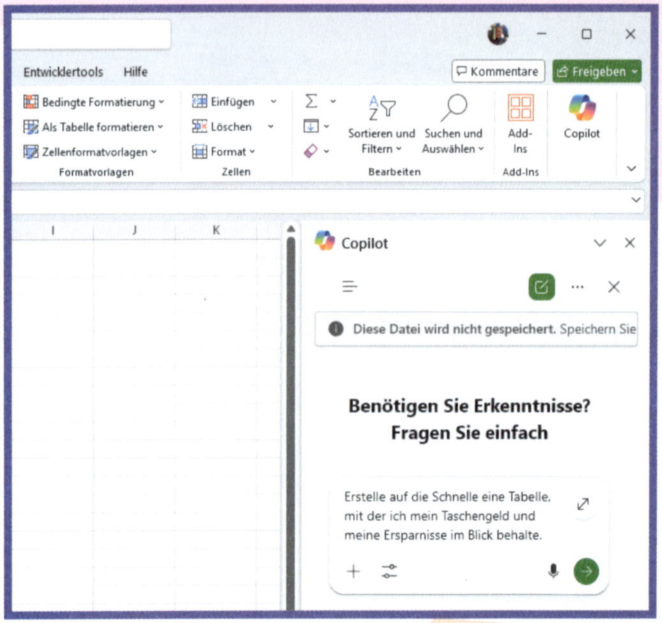

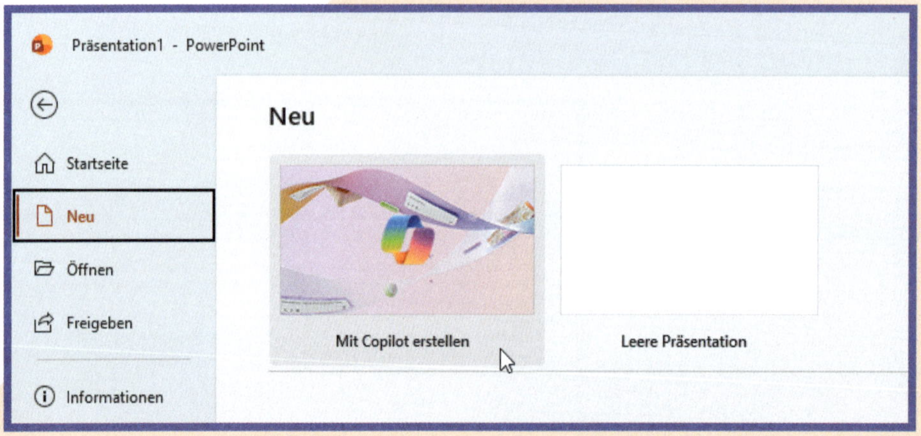

Probiere es aus!

Verwendest du hin und wieder verschiedene Computerprogramme? Dann schau doch mal nach, ob dort bereits KI-Funktionen eingebaut wurden.

Nachgefragt!

Was passiert, wenn du in einem Programm private Bilder bearbeitest und dabei eine KI-Funktion einsetzt?

Es bedeutet, dass die Bilder irgendwo hochgeladen werden und du ein Stück weit die Kontrolle darüber verlierst.

KI auf der Nase – Assistenz mit Brillen und Kopfhörern

Vielleicht ist dir schon aufgefallen, dass man immer öfter Menschen begegnet, die scheinbar mit sich selbst sprechen. Aber oft telefonieren diese Menschen nur – oder sie sprechen gerade mit der KI. Deine Prompts kannst du der KI nämlich keineswegs nur auf einem Smartphone, Tablet oder PC mitteilen. Die spannendsten Beispiele dafür sitzen auf deiner Nase, stecken in deinen Ohren oder warten geduldig in eurem Wohnzimmer. Gewissermaßen werden sie zu digitalen Augen und Ohren, die die Welt mit dir gemeinsam beobachten. Aber das ist auch irgendwie zum Fürchten, oder?

Eine Brille, die mitliest

Besucht ihr manchmal ein Land, dessen Sprache du so gar nicht beherrschst? Wenn du dort auf einem Schild oder einer Speisekarte etwas liest, verstehst du oft nur »Bahnhof«. Aber nun setz mal eine KI-Brille auf. In das Gestell der Brille sind winzige Kameras eingebaut, die sehen, was du siehst. Die KI erkennt die Texte im Hintergrund und liefert dir die deutsche Übersetzung. So wirst du nicht mehr aus Versehen Schafmilchkäse mit Maden oder frittierte Skorpione bestellen.

Die KI-Brille begleitet dich aber auch beim Sightseeing. Schau dir ein Denkmal an und frag die KI, was das ist. Kurz darauf erhältst du meistens die passende Antwort, entweder als Text oder ins Ohr geflüstert.

Info: Augmented Reality und Virtual Reality

Werden dir beim Betrachten der wirklichen Welt durch die Brille oder auf dem Display deines Smartphones digitale Elemente angezeigt, nennt man das *Augmented Reality* oder kurz AR. Auf Deutsch bedeutet das »erweiterte Wirklichkeit«. Es gibt inzwischen auch leistungsstarke VR-Brillen (für *Virtual Reality*, also »virtuelle Wirklichkeit«), mit denen du dich komplett in eine digitale Welt begeben kannst.

»Intelligente« Kopfhörer

Weißt du, was ein Dolmetscher ist? Na ja, das ist jemand, der dir Texte aus anderen Sprachen live übersetzt, damit du alles verstehst. Diese Funktion kann inzwischen auch ein KI-Kopfhörer übernehmen. Wenn du Kopfhörer mit KI-Unterstützung trägst, kannst du dich mit Menschen unterhalten, die eine ganz andere Sprache sprechen. Während dein Gegenüber auf Spanisch antwortet, erkennt die KI die Sätze, übersetzt sie und spielt dir die deutsche Fassung fast zeitgleich in dein Ohr.

Allerdings musst du aufpassen, denn die KI gerät da schnell mal aus dem Konzept und liefert nicht immer die richtigen Übersetzungen. Wenn dir die KI eine Beleidigung ins Ohr flüstert, hat sie die Spanisch sprechende Person in Wirklichkeit vielleicht nur falsch verstanden. Aber auch das wird sich in den nächsten Jahren noch deutlich verbessern.

Eine weitere intelligente Funktion ist das ***KI-Noise-Cancelling***. Ein normaler Kopfhörer mit Noise-Cancelling-Funktion macht einfach alles leise. Die KI kann hingegen Geräusche unterscheiden. Sie filtert den Baustellenlärm oder das Geräusch des Staubsaugers aus. Aber eine Fahrradklingel oder eine Sirene bekommst du zu hören. Die KI ist hier also eine Art Türsteher für deine Ohren.

KI-Agenten fürs Wohnzimmer

Habt ihr zu Hause einen Lautsprecher wie Alexa oder Google Home? Darin wohnt ein sogenannter ***Bot***, ein digitaler Gesprächspartner. Durch die moderne Technik verwandeln sich die Lautsprecher aber gerade in echte ***KI-Agenten***. Hoffen wir mal, dass sie nicht wie Agent 007 spionieren. Das Wort KI-Agent bedeutet in diesem Fall aber nur, dass die KI auch selbstständig handeln und mitdenken kann.

Vielleicht planst du eine Fahrradtour mit deinen Freunden? Ein gewöhnlicher Bot würde dir nur sagen, wie das Wetter wird. Ein KI-Agent hingegen schaut in deinen Kalender, sieht, dass du am Nachmittag noch zum Fußballtraining musst, und schlägt dir von sich aus eine Route vor, die rechtzeitig wieder zu Hause endet. Er kann sogar eine Nachricht in euren Gruppen-Chat schicken.

Nachgefragt!

Wenn ein KI-Agent unsere Aufgaben plant, unsere Nachrichten schreibt und an alles denkt: Werden wir dann nicht komplett unselbstständig?

Diese Gefahr besteht. Zum Schluss machen wir vielleicht nur doch das, was die KI uns vorgibt.

Noch mehr KI – Spannendes zum Lernen und Staunen

Nun schauen wir uns noch an, wie du aus der KI deine ganz persönliche Fachkraft machst. Du erfährst, wie du der KI ein Gedächtnis verpasst und wie du sie länger über deine Fragen nachdenken lässt. Wirf außerdem einen kurze Blick in den Maschinenraum, um die KI noch besser zu verstehen. Zum Schluss gibt es noch Tipps für einen Filmenachmittag. Denn KI soll schließlich nicht nerven oder anstrengend sein, sondern Spaß machen.

So kann sich die KI deine Wünsche merken

Normalerweise läuft es so: Eine KI erinnert sich nur an die Dinge innerhalb eines Chats, und das auch nur dann, wenn die Anfragen nicht allzu weit zurückliegen. Aber vielleicht möchtest du der KI ja Anweisungen erteilen, die für alle deine Chats gelten sollen. Ja, das geht bei den meisten KI-Anbietern, allerdings musst du dafür angemeldet sein.

Bei ChatGPT findest du diese Funktion z. B. in den Einstellungen unter **Personalisierung**. Teile der KI mit, wie sie mit dir sprechen oder dich ansprechen soll. Meistens reicht es sogar aus, der KI direkt im Chat eine entsprechende Anweisung zu geben, etwa: »Merk dir, dass du mich immer duzen sollst!«

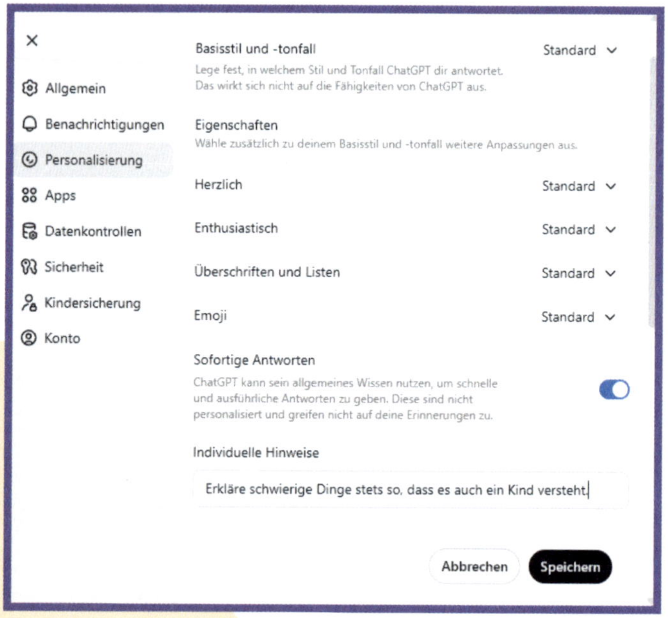

Einen Ausflug in die Einstellungen müsstest du dann nur unternehmen, um bestimmte gemerkte Anweisungen wieder zu entfernen.

Die KI länger nachdenken lassen

Du hast bereits gemerkt, dass dir die KI in Sekundenschnelle einen Text ausgibt, wenn du ihr eine Anweisung erteilst. Aber kannst du die KI auch dazu bringen, länger über ein Problem nachzudenken, anstatt in einem Schnellschuss etwas auszuspucken? Ja, das kannst du. So hast du bessere Chancen, für eine mathematische Textaufgabe die richtige Lösung zu bekommen.

Im Bild siehst du das Beispiel Google Gemini. Wenn du dort angemeldet bist und auf den gerade ausgewählten KI-Modus klickst, kannst den Eintrag »Thinking« (= Denken) auswählen. Wenn du jetzt deinen Prompt angibst und diesen mit der [↵]-Taste an die KI schickst, denkt die KI etwas länger darüber nach und sollte dir auch bessere Ergebnisse liefern. Probiere es aus!

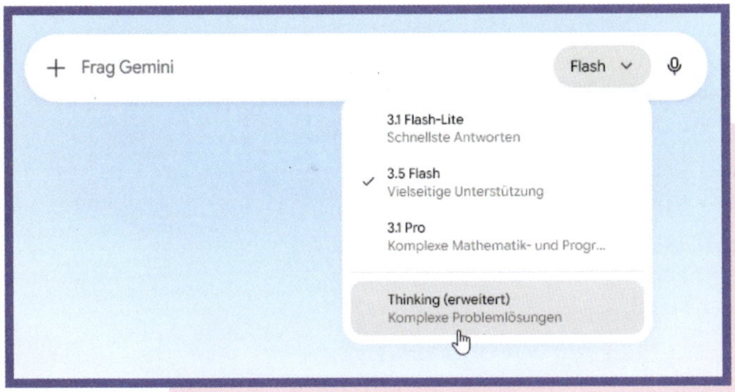

Tipp: Lass die KI das Internet durchsuchen

Bereitest du dich auf ein Referat in der Schule vor und möchtest mit viel Wissen glänzen? Dann lass das Wissen von der KI zusammentragen. ChatGPT bietet in seiner Bezahlversion z. B. den KI-Agenten ***Deep Research***, der das Internet nach deinen Themen durchsucht und dir danach einen ausführlichen Bericht mit Angabe der Quellen ausspuckt.

Blick in den Maschinenraum

Damit du KI als Lerncoach und für andere Zwecke richtig nutzen kannst, hilft es dir zu verstehen, wie sie deine Eingaben überhaupt erkennt. Sie sieht nämlich nicht wie wir Menschen Buchstaben oder Bilder, sondern sie rechnet nur mit langen Listen von Zahlen. Zuerst zerlegt die KI jede Eingabe in kleine Häppchen. Ein solches Häppchen nennt man ***Token***. Jedes Token erhält eine eigene Nummer, mit der die KI rechnen kann.

Das eigentliche »Gehirn« bei fast jeder modernen KI ist der ***Transformer***. Lange Zeit waren Computer beim Verarbeiten von Informationen ziemlich langsam und vergesslich. Das änderte sich erst im Jahr 2017, als Forscher bei Google den Transformer erfanden, mit dem eine KI plötzlich ganze Buchseiten auf einmal »lesen« und verstehen konnte. Heute liest die KI Sätze nicht mehr mühsam Wort für Wort, sondern erkennt sofort Zusammenhänge im ganzen Text. Sie kann inzwischen außerdem Bilder verstehen und sogar Musik berechnen.

Ideen für einen KI-Filmenachmittag

KI kann nicht nur die Spezialeffekte in Kinofilmen erzeugen. Sie kann auch selbst das Thema des Films sein. In der folgenden Tabelle findest du eine Auswahl toller Filme, die sich um das Thema KI drehen und die dich zum weiteren Nachdenken anregen können. Beachte, dass der Film »WarGames« erst ab 12 Jahren freigegeben ist, er ist nämlich ziemlich nervenaufreibend!

Film	Jahr	Worum geht es?	Alter
»Der Gigant aus dem All«	1999	Ein riesiger Roboter freundet sich mit einem Jungen an und muss entscheiden, ob er eine Waffe sein will oder nicht.	FSK 6
»Der wilde Roboter«	2024	Ein Roboter strandet in der Natur und muss durch Beobachtung lernen, wie man mit Tieren kommuniziert und überlebt.	FSK 6
»Elio«	2025	Ein Junge wird Botschafter für die Erde und muss in einer galaktischen Gemeinschaft beweisen, dass Menschen und KI zusammenarbeiten können.	FSK 6
»Wall-E«	2008	Ein kleiner Müllroboter räumt die Erde auf und zeigt, dass auch Maschinen so etwas wie eine »Seele« haben können.	FSK 0
»WarGames«	1983	Ein Schüler spielt gegen einen Militärcomputer ein Spiel, das fast einen echten Krieg auslöst.	FSK 12

So verändert KI unsere Zukunft – was bedeutet das für dich?

Unsere Welt verändert sich schneller als jemals zuvor. Klar, dass man da auch manchmal Angst kriegen kann und ins Grübeln kommt. Das ist völlig normal. Sogar damals, im 15. Jahrhundert, als der Buchdruck erfunden wurde, bekamen einige Menschen Angst vor den Veränderungen. Aber es ist doch ganz gut ausgegangen, oder? Sonst könntest du heute gar nicht dieses Buch lesen.

Wie verändert sich die Berufswelt?

Fragst du dich manchmal bereits, was du später einmal werden willst? Du kannst dir ziemlich sicher sein, dass dich, egal, welchen Beruf du ergreifst, KI begleiten wird. Das klingt erst mal gar nicht so übel: Warum solltest du stundenlang dicke Berichte schreiben oder schwierige Verträge prüfen, wenn die KI das in ein paar Sekunden erledigt? Eine ähnliche Frage könnte sich aber leider auch dein Chef stellen: »Warum sollte ich eigentlich jemanden bezahlen, wenn diese Aufgaben auch KI übernehmen kann?«

Viele klassische Bürojobs könnten also wegfallen. Intelligente Roboter könnten darüber hinaus in Zukunft noch viele weitere Berufe übernehmen. Was macht dann eigentlich der Mensch?

Hier ist es wichtig, nicht nur auf das zu blicken, was wegfällt, sondern auch auf das, was dazukommt. Oft entstehen durch eine neue Technik ganz neue Berufe. Früher gab es viele Leute, die Sattel herstellten, dann viele Autoschrauber und in Zukunft sind es vielleicht Leute, die Raumschiffe zusammenbasteln und das Weltall erkunden. KI könnte uns aber auch so viel Freizeit verschaffen, dass wir gar nicht mehr so viel arbeiten müssen wie heute.

Könnte die KI der Menschheit gefährlich werden?

Einige Forscherinnen und Forscher machen sich sogar Sorgen darüber, dass wir komplett die Kontrolle über die KI verlieren könnten. KI ist zwar nicht böse, aber sie könnte einen Befehl allzu wörtlich verstehen. Dazu gibt es ein richtig unheimliches Beispiel.

Nimm mal an, eine superintelligente KI erhält den einfachen Auftrag: »Berechne die Kreiszahl Pi so genau wie möglich und höre niemals damit auf!« Sie tut nun alles, was sie kann, um diesen Auftrag zu erfüllen, sie reißt alles ab und verwandelt nach und nach den gesamten Planeten in einen einzigen Computer, nur um die Nachkommastellen von Pi zu berechnen.

Hier kommt aber das sogenannte ***KI-Alignment*** ins Spiel. Dabei geht es darum, der KI beizubringen, was menschliche Werte sind, damit sie bei ihren Aufgaben niemals vergisst, was für uns Menschen wirklich zählt.

Brauchst du nur noch die KI oder auch noch Freunde?

KI verändert auch, wie wir mit anderen Menschen umgehen. Wie würdest du es finden, wenn du einen Glückwunsch zum Geburtstag erhältst, der automatisch von der KI erstellt und verschickt wurde? Oder wenn sich im Bus alle nur noch mit der KI unterhalten statt mit dir? Wenn wir verlernen, selbst Worte für unsere Gefühle zu finden, verlieren wir ein Stück von uns selbst. Echte Freundschaft braucht echte Erlebnisse und auch mal einen Streit, den man selbst wieder schlichtet.

Deine größte Stärke in der Zukunft bleibt deshalb deine Menschlichkeit. Eine KI kann zwar tolle Texte schreiben, aber sie fühlt absolut nichts dabei. Sie hat kein Herz und kein Gewissen. Dein Mitgefühl, deinen Humor und dein Gefühl für richtig und falsch kann keine Maschine der Welt kopieren.

Nachgefragt!

Was sind eigentlich menschliche Werte? Sind diese heute die gleichen wie im alten Rom? Und wenn wir der KI jetzt unsere Werte beibringen: Werden diese dann für alle Zeit »eingefroren«?

Unsere Werte haben sich seit der Antike entwickelt. Wir werfen niemanden mehr den Löwen zum Fraß vor. Aber wie sieht es bei der Tierhaltung aus?

Leben wir dank künstlicher Intelligenz länger?

Manchmal kann KI aber auch echte Heldentaten vollbringen, z. B. in der Medizin. Sie hilft Forscherinnen und Forschern dabei, Medikamente gegen schwere Krankheiten zu entdecken, die sie ohne KI vielleicht nie oder erst viel später entdeckt hätten. KI kann uns also wirklich gesünder machen und länger leben lassen. Manche klugen Köpfe meinen sogar, dass es irgendwann keine unheilbaren Krankheiten mehr geben könnte.

Und nicht nur das, auch der Klimawandel könnte durch KI der Vergangenheit angehören, indem sie etwa superleichte Solarzellen berechnet oder die Stromnetze perfekt steuert.

Lass es auf dich zukommen! Du weißt jetzt, was künstliche Intelligenz ist, was sie kann und wie du KI für deine eigenen tollen Zwecke einsetzen kannst. Mach die Veränderungen mit, aber sei auf der Hut, dass dabei dein Menschsein und dein eigenes kluges Nachdenken nicht auf der Strecke bleiben!

Stichwortverzeichnis